Ulrich Pramann

Marathon

Steiger Verlag

Ulrich Pramann

Marathon

STEIGER VERLAG

Steiger Verlag

Inhalt

Seite 1:
Hochgefühle: Nur noch wenige hundert Meter auf der Tartanbahn trennen den Läufer vom Ziel.

Seiten 2/3:
Objekte des Begehrens: Im Ziel des Berlin-Marathons liegen die ersehnten Medaillen für die Finisher schon bereit.

Seiten 6/7:
Anspannung: Hochkonzentriert, die Hand an der Stoppuhr, warten die Topläuferinnen bei der Europameisterschaft 1994 in Helsinki auf das Startsignal.

Seiten 8/9:
Intensiv: Für jeden Läufer ist der erste Marathon ein unvergeßliches Massen- und Gemeinschaftserlebnis – und zugleich eine harte, einsame Prüfung.

Seiten 10/11:
Die Reste vom Fest: Tausende von Pappbechern und Tonnen von sonstigem Müll bleiben zurück an den Verpflegungsstationen und entlang der Strecke – mühsam für Organisatoren, reizvoll für Fotografen.

NIKE
BARCLAYCARD
HELSINKI 94
AYCAR

adidas
RCLAYC
Reebok
BARCLAYC

Coke

Coke
Coca-Cola
Coke
Coca-Cola
Trink

Faszination Marathon

Faszination

Ein Spektakel der Superlative: Der New York City Marathon bewegt jedes Jahr Millionen Menschen. Beim Start auf der Verrazano Narrows Bridge drängen sich über 35 000 Teilnehmer dicht an dicht.

Wie es wohl in einer Woche läuft? Um diese Zeit könnte sich längst der innere Schweinehund melden und „Aufhören!“ kläffen, „Hör doch auf!“ Dann geht es ans Eingemachte – sagen jedenfalls die Erfahrenen. Es ist kurz nach 12 Uhr. Nächsten Sonntag müßte ich dann schon fast dreißig Kilometer unterwegs sein. Start ist um zehn. Nach allem, was ich weiß, beginnt die Strapaze, wenn du rund zweieinhalb Stunden in den Beinen hast, dann, auch das sagen die alten Hasen, dann fängt der Marathon erst richtig an.

Wie ich mich auf diesen Marathon freue. Und wie ich Angst davor habe.

Faszination Marathon.

Habe ich genug trainiert? Vor allem: Habe ich richtig trainiert? Wie nervös werde ich am Start sein? Und wie werde ich mit meiner Nervosität fert g? Wie wird das Wetter? Was wird, wenn es wirklich heiß wird? Welches Shirt, welche Hose ist die richtige? Tights oder luftige Shorts? Sind meine Schuhe wirklich schon richtig eingelaufen? Was tun, wenn ich Blasen kriege?

Wie schnell sollte ich den Marathon angehen? Werde ich es schaffen, mein eigenes Tempo durchzuhalten, oder werde ich mich doch von den Mitläufern und deren *Pace* anstecken lassen?

Und wie wird das wohl, wenn der Mann mit dem Hammer kommt, wenn diese ominöse Mauer da ist, wenn es richtig hart wird? Werde ich in Versuchung geraten, aufzugeben?

> **„Wenn du laufen willst, dann lauf eine Meile. Wenn du aber ein neues Leben kennenlernen willst, dann lauf Marathon."**
>
> *Emil Zátopek, Marathon-Olympiasieger 1952*

Wie werde ich über den toten Punkt hinwegkommen? Können da die Zuschauer helfen? Was ist eigentlich, wenn ich einen Wadenkrampf kriege? Oder wenn an den Getränkestationen schon alles abgeräumt ist? Hört man doch immer wieder, daß die Läufer im hinteren Feld manchmal in die Röhre gucken. Werde ich dann cool bleiben?

Wie wird es sein, wenn es nicht mehr weit zum Ziel ist? Werden dann wirklich Glückshormone dafür sorgen, daß ich regelrecht fliege und sich die Nackenhaare aufstellen? Liest man doch immer wieder, daß der Endorphinausstoß ein einmaliger, großartiger, gewaltiger Moment sein muß. Werde ich mich als Held fühlen, der einen Meter über dem Boden schwebt? Oder krieche ich letztlich auf dem Zahnfleisch ins Ziel?

Soviele Fragen, die durch den Kopf gehen. Eine Woche vor einem Marathon. Dem ersten.

Gleich das letzte harte Training. Ein langer, lockerer Lauf, gut zwanzig Kilometer. Den Rest der Woche langsam angehen lassen, nur mehr leicht traben. Schongang für das große Abenteuer.

Das erste Mal

Das erste Mal ist immer unvergeßlich. Der erste Kuß, der erste Kater, die erste eigene Bude, der erste Urlaub mit der Freundin, das erste eigene Auto, das erste Mal.

Stimmt, es gibt ein paar Großereignisse im persönlichen Lebenslauf, die zunächst unerhört wichtig erscheinen. Doch im Laufe der Jahre werden sie verwischt, vergessen, verdrängt, verklärt. Das gilt nicht für den ersten Marathon. Der wird nicht vergessen, der wird auch nicht verdrängt. Allerdings wird er oftmals verklärt.

Stimmt, der erste Marathon nimmt viel Kapazität im Kopf ein. Tagelang, wochenlang dreht sich alles, nein, nicht alles, aber fast alles, um dieses unbekannte, unheimliche und unheimlich verlockende Abenteuer.

42195 – nein, das ist keine Postleitzahl oder Telefonnummer. Diese nackte Ziffernfolge 42195 bedeutet viel mehr: Sie symbolisiert ein Phänomen, das schon Millionen Menschen erfaßt hat: *Marathon.*

Der lange Anlauf

Marathon ist mehr als Muskelleistung. Beim Marathon müßten Gefühl, Phantasie und Verstand gemeinsame Sache machen, schrieb mal ein Poet names Yeats. Stimmt, Marathon ist vor allem ein psychisches Abenteuer, eine Herausforderung an die eigene Bequemlichkeit, ein quälender Kitzel, „in sich hinein zu laufen", um sich selbst kennenzulernen.

Von der Lust am Laufen und von dem Phänomen Marathon hatte ich lange keine Ahnung. Meine Läuterung verlief alles andere als spektakulär – aber vielleicht ist sie gerade deswegen so typisch.

Hinter mir stand Rolf. Er war zehn Jahre älter als ich und lief seit zehn Jahren regelmäßig. Wie alle Läufer redete er sehr gerne von diesem ganz persönlichen Abenteuer. Er schilderte sein Erleben in enthusiastischen Sätzen. Er erwähnte Worte wie „Körpergefühl" und „Selbstgefühl" und „Bewußtsein, das zum Selbstbewußtsein" wird. Er pries die „Sensibilisierung der Sinne" und nannte sogar das Wort „Rausch". Und Auslöser von all dem sei Laufen.

„Der spinnt", dachte ich. Bestimmt aber übertreibt er gehörig.

Und irgendwann trottete ich trotzdem mal hinter ihm her. Schwerfällig. Anlaufschwierigkeiten.

Vielleicht erinnert sich der Leser auch noch an die ersten, mühseligen Schritte. Wenn sich Zweifel am Tun melden. Warum bei diesem Sauwetter raus? Warum Seitenstiche ertragen? Oder Muskelkater. Oder den Spott („Und eins, und zwei...") von irgendwelchen Ignoranten.

Der Laufspaß

Irgendwann lief es dann leichter. Und schließlich machte es sogar Spaß.

Anfangs konnte ich es kaum glauben, daß ein Dauerlauf für neue Spannkraft sorgen kann. Gerade wenn man sich kaputt fühlt, körperlich oder geistig vom Arbeitstag abgespannt, kann ein lockerer, ja sogar ein flotter Lauf die Mattigkeit vertreiben. Man läuft, man stretcht, man duscht, man läßt sich eine halbe Stunde zurückfallen – und danach fühlt man sich frisch und fit für neue, große Taten.

Ausdauertraining braucht Ausdauer – eine Binsenweisheit. Erst nach einem, meist sogar erst nach zwei Jahren treten die erhofften positiven Effekte vollends ein. Erste günstige Veränderungen im Organismus sind zum Glück schon eher spürbar.

Lust am Laufen – sie beginnt, wenn es keine Überwindung mehr kostet, loszulaufen. Wenn man sich sogar darauf freut, loszulaufen. Sich auszutoben, manierlich zu schwitzen. Das subjektiv schöne Gefühl, „Ich hab was getan" – diese scheinbar läppische Genugtuung verschafft enorme Befriedigung.

Mir reichte das. Nicht im Traum dachte ich daran, mal einen Marathon zu laufen. Mittlerweile habe ich das Dutzend voll.

Der Wunsch

Der Wunsch zu laufen kommt irgendwann aus dem tiefsten Inneren, aus dem Unterbewußtsein. Weil du instinktiv, intuitiv weißt, daß du dich hinterher gut fühlen wirst und auch schon mittendrin. Laufen ist für dich wieder zu einer natürlichen Sache geworden. Wenn das so ist, entwickelt sich auch die Vorstellung, einen Marathon laufen zu wollen, ganz natürlich. Der Wunsch, an deine Grenze zu laufen und die Grenze zu überschreiten, ist nur konsequent. Weil du durchs Laufen Selbstvertrauen aufgebaut hast. Weil du dich mit allen Facetten des Laufens befaßt. Weil du weißt, was in deinem Körper abläuft. Weil du ein Experte für deinen Körper wirst. Weil du gelernt hast, in deinen Körper hineinzuhorchen, und Zutrauen zu deinem Körper gewonnen hast. Weil du dein totales Kopfgesteuertsein aufgegeben und Vertrauen zur Stärke deines Körpers gefunden hast. Weil dein Körper wieder ein ganz natürlicher Teil von dir geworden ist.

Weil du wieder bist, was der Mensch viele Jahrtausende lang mal war: ein Lauftier.

Die Einsamkeit des Läufers in der Menge: Ob Weltklasseathlet oder Hobbyläufer – jeder Marathoni ist unterwegs nur mit einer Sache beschäftigt: mit sich.

„Wenn ich einen Marathon laufe, stelle ich meine Körperlichkeit ins Zentrum meines Lebens und ins Zentrum des Universums. In diesen Stunden tritt alles zurück, was sonst die Basis meines Lebens ist: Essen, Schutz, sexuelle Erfüllung. Ich reduziere mein Leben auf diesen Wettkampf, auf die höchsten Anstrengungen, die jetzt nötig sind." So beschrieb der amerikanische Lauf-Philosoph, Autor und *Runner's World*-Kolumnist Dr. George Sheehan seine Hingabe an den Marathon.

Er verglich den Marathon mit Musik. Den Takt eines Marathons empfand er als kraftvoll und kämpferisch. Mit pathetischen Worten hat Sheehan einen Marathon mal als „Melodie des Glanzes und des Ruhms" beschrieben, die uns „Freude verheißt und verlangt, den Körper zu disziplinieren, Mut zu finden, den Glauben immer wieder zu erneuern und eine Person zu werden, die total bei sich selbst ist".

Der Countdown

Montag. Heute kann ich nicht trainieren. Mein linker Knöchel schmerzt. Leicht nur, aber jedes Zipperlein drückt Tage vor dem Start tonnenschwer auf der Seele. Nicht starten? Nicht auszudenken, wenn man viermal pro Woche gelaufen ist, monatelang, um das Abenteuer Marathon mitzumachen.

Dienstag. Heute geht es wieder. Ich laufe mein normales Pensum. Zwölf Kilometer. Eine Stunde. Eine angenehme Unterbrechung, wenn man den ganzen Tag am Schreibtisch sitzt. Längst ist Laufen zur Lust geworden. Nach einem Jahr regelmäßigem Training habe ich hinreichend Kondition. Auf einmal sind zehn, zwölf, zwanzig Kilometer nichts mehr.

Dann meldet sich zaghaft der Wunsch, mal einen Marathon zu versuchen. Vielleicht auch, weil es sich mit einem konkreten Ziel vor Augen leichter trainieren läßt.

Mittwoch. Das Marathonfieber steigt. Die Gedanken kreisen immerzu um das Ereignis Marathon.

Anderen geht es genauso. Andreas Nolte zum Beispiel, ein passionierter Marathoni, schrieb seine Gefühle für das Laufmagazin *Spiridon* auf: „In den letzten Wochen hast du immer mehr und besser trainiert, den ewigen Wechsel von Belastung und Regeneration geübt, hast deine Ernährung dazu geplant und ständig in Frage gestellt, überhaupt die Nervosität der letzten Tage, die unausbleibliche Angst, nicht genug, oder doch zuviel getan zu haben, das alles ist nun vorüber, getestet an der Wirk-

lichkeit hinter dir auf der Straße. Du beendest diesen Lebensrhythmus, der dich hierhergebracht hat. Du hast in der Vorbereitung alles getan, was dir möglich war, hast viel gelernt über dich und deinen Körper, seine Fähigkeiten und seine Grenzen, seine Reaktion auf deine Anforderungen an ihn, seine Launen und seine Wege, dir zu sagen, wie er sich fühlt. Du hast ihn trainiert und auf ihn gehört, ihr habt zusammengearbeitet, und er hat dich hierhergetragen. Wenn auch in den letzten Wochen nicht immer ganz zufrieden miteinander: Ihr seid nun eins wie nie, unzertrennbar zusammengewachsen, auf diesen Kilometern der Hoffnung und der Kraftlosigkeit, der wiedergewonnenen Stärke und des Sieges."

Donnerstag. Hans ruft an. Er ist am Boden zerstört. Er hatte gestern mit neuen Schuhen trainiert und hat jetzt prompt eine Blase.

„Das letzte", jammert er. Auch für ihn wird es sein erstes Mal sein.

Statistisch betrachtet besteht jeder der rund tausend Marathons, die jedes Jahr irgendwo auf der Welt stattfinden, aus einem Feld, in dem die Hälfte der Teilnehmer Debütanten sind.

Schwebezustand: Jeder Marathoni träumt davon, von jubelnden Menschenmassen „getragen" zu werden – auch wenn nur die wenigsten dieses Gefühl bei Olympischen Spielen wie in Barcelona 1992 erleben können.

Bis Sonntag will ich noch zwei Kilo Gewicht verlieren. Ein Marathon, das sind rund 40 000 Schritte. Zwei Kilo weniger summieren sich da auf 80 Tonnen, die weniger bewegt werden müssen.

Freitag. Marathon ist wirklich wie ein Fieber. Ich merke, wie ich die anderen zu infizieren versuche. Rede häufig vom Sonntag, von meinem ersten Mal.

Wie wichtig man das nimmt. Wäre es nicht wurscht, ob man ins Ziel kommt und in welcher Zeit?

Nein.

Es steht eine wichtige Prüfung bevor. Für jeden, der sich für einen Marathon entschieden hat, wird er zu einer Prüfung, bei der es um viel geht. Denn auf dem Prüfstand stehen Ausdauer und Mut, Disziplin und Willenskraft, Leidensfähigkeit und Härte, Selbstverantwortung, Selbsteinschätzung, Selbstbestätigung.

„Marathon – das ist mein privater Mount Everest." So hat mal einer seine Motivation erklärt. Eine schöne Annäherung an die Faszination Marathon.

Der Sportartikelhersteller Nike ließ in einem Werbetext verbreiten: „Das Leben ist ein Marathon. Laufen ist eine Grundeinstellung. Sie enthält viel von der Lust, die eigenen Leistungsgrenzen kennenzulernen: gegen die Uhr, gegen den inneren Schweinehund, im Pulk oder ganz alleine und locker der untergehenden Sonne entgegen. Eine Selbstdisziplin. Auch ein Kitzel, der oft bis zur Erschöpfung geht – sei es für eine Medaille, einen Händedruck. Oder einfach nur das erste Bier danach."

Das Leben ist ein Marathon – kein schlechter Slogan.

Samstag. Udo ruft an, will wissen, ob man in der Nacht vorher keusch sein muß. Auch für ihn ist es das erste Mal, der Marathon morgen.

„Die Nationalmannschaft", sage ich, „war ohne Frauen im Trainingslager – und hat dennoch eine klägliche Vorstellung gegeben."

Abends haben wir unsere private Nudelparty. Hans, Gerd, Udo, Georg. Wir trinken Weißbier, um müde zu werden, und mampfen Nudeln, weil die bekanntlich ein prima Kohlenhydratdepot ergeben. Wir reden den ganzen Abend über das Abenteuer Marathon und seine Faszination.

Unsere Frauen und Freundinnen amüsieren sich nur bedingt.

Die Vorfreude

Nervöse Erwartungsfreude vor dem privaten Olympia. Ein bißchen Angst vor der Strapaze. Und Stolz, jetzt doch am Start zu stehen – eine Gemütslage, die an diesem Morgen vermutlich all die tausend, die vor, neben und hinter mir stehen, ähnlich erleben.

Ich rufe noch einmal meine private Strategie für den Marathon ab. Ich werde clever laufen. Clever heißt, anfangs locker laufen und Körner sparen. Ich werde also betont langsam loszuckeln. Ich will erstmal ins Rennen kommen.

Bei Kilometer fünf werden meine Muskeln warm sein, und es läuft dann wie von selbst. Bis Kilometer zehn, vielleicht auch noch fünfzehn. Dann kann ich mir schon sagen: Och, nur noch sieben Kilometer bis zur Hälfte.

Und wenn die Hälfte geschafft ist, werde ich innerlich eine Inspektion vornehmen. Mal sehen, wie ich mich dann fühle. Bestimmt gut, denn mit jedem Schritt habe ich bereits mehr der Strecke hinter mir als noch vor mir liegt. Ich denke an Kilometer fünfundzwanzig, sechsundzwanzig. Müßte alles noch machbar sein. Nur noch drei Kilometer bis dreißig. Das wird dann Neuland. Wird bestimmt spannend.

Mensch, werde ich denken, jetzt hast du einunddreißig Kilometer, und bis zum Ziel sind es ja bloß noch elf, ungefähr soviel, wie du fast täglich in deinem Training locker gelaufen bist. Und dann werden es nur noch zehn sein, neun, acht, sieben Kilometer bis zum Ziel.

Was sind schon sieben Kilometer, wenn du schon fünfunddreißig Kilometer geschafft hast. Genau, nichts. Du bist ja schon fast zu Hause. Noch läppische sechs Kilometer.

Meine Güte, noch fünf Kilometer. Nur noch. Na gut, kann ja sein, daß sich jeder dieser letzten fünf Kilometer wie Gummi hinzieht. Vielleicht hast du Beine wie Gummi. Wahrscheinlich werden es aber eher Beine wie Blei sein. Wie es mir dann wohl geht? Wird spannend und verdammt interessant, wie es sich mit solchen Beinen die letzten vier Kilometer läuft.

Ja, ich freue mich auf diese neue Erfahrung.

Auf die letzten drei Kilometer. Meine Fresse, was kümmert es mich denn, was die Marathonhelden aus meinem Bekanntenkreis so alles Schreckliches über diese letzten drei Kilometer erzählt haben. Drei Kilometer vor dem Ziel bin doch jetzt wirklich schon fast zu Hause, oder?

Die letzten beiden Kilometer müßten doch wieder wie von selbst laufen, oder nicht? Besonders der allerletzte.

Nein, sprinten werde ich dann nicht, selbst, wenn es noch ginge. So ein Spurt um Position dreitausend und ein paar Zerquetschte sieht einfach dämlich aus.

Die Zweifel

Sie hatte drei- bis viermal die Woche trainiert, jeweils acht bis zehn Kilometer und am Wochenende auch längere Strecken. Sie hatte auch schon an einigen 10- und 25-km-Läufen teilgenommen. Doch, Sabine von der Lühe hatte sich ganz gut vorbereitet. Nein, sie war vorher nicht krank, nicht einsam, nicht verzweifelt. Sie hatte mit dem Laufen begonnen, nur für sich. Mit dem Laufen hatte kein neues Leben begonnen, es hatte sich nur ein bißchen verändert. Sie genoß ihren Auslauf. Aber warum Marathon?

Versagensängste quälten. Sie träumte nachts schlecht. „Ich quäle mich über einen frisch gepflügten und gemisteten Acker. Schwerer, nasser, zerklüfteter Boden macht jeden Schritt zu einem Kraftakt. Die Knie sind so lahm, daß ich die Beine kaum mehr hochkriege. Hinlegen und nie wieder einen Schritt tun, das ist der einzige klare Gedanke, den ich fassen kann. Neben dem Acker läuft ein heller, festgefahrener Sandweg, auf den ich mich aber nicht traue, weil da ein Bulle mit weitausladenden Hörnern steht."

Die Ängste, die bei der Berliner Psychotherapeutin Sabine von der Lühe abliefen, hat sie für ein Buch mit dem Titel *Mein erster Marathon* aufgeschrieben: drei Dutzend Laufschilderungen, die *Spiridon*-Herausgeber Manfred Steffny gesammelt hat (Edition Spiridon 1993). Die Stories zeigen fast immer, daß der erste Marathon ein Einschnitt im Lebenslauf, manchmal sogar ein Wendepunkt im Leben ist. Jeder Novize erlebt das Ereignis anders, und jeder erzählt es anders: der eine naßforsch, der andere erzählt sentimental oder naiv („Die Beine liefen automatisch im Schmittchen-Schleicher-Stil immer weiter...") oder dilettantisch. Und manche betrachten die Sache ganz feierlich.

Und bei allen ist Muffe im Spiel. Zum Beispiel Gunter Gabriel, der gewichtige Countrysänger (*Hey Boß, ich brauch mehr Geld*): „Welch Blamage, wenn ich nicht ankäme. Hatte ich nicht morgens im Hotel über all die Profi-Läufer gelästert? ‚Alles halbe Portionen, 57 Kilo, lächerlich. Keine Kerle. Welches Mädchen mag so'n Mann schon!', und ich hatte an meine Freundin gedacht und die vielen Ladies, die immer nach meinen Auftritten zu mir kamen wegen Autogrammen und sagten: ‚Endlich mal ein richtiger Mann auf der Bühne, an den man sich anlehnen kann!' Aber jetzt, jetzt krieg' ich's von den Dürren gezeigt – die sind auf und davon."

Die Bamberger Gymnasiastin Cornelia Schötz erinnert sich: „Gestern habe ich mir noch große Sorgen gemacht. Schlaflos wälzte ich mich in meinem Bett herum. Das Herz klopfte mir bis zum Halse wie nach meinem 17. Geburtstag, als ich drei Tassen Kaffee getrunken hatte. Tausend Ameisen schienen über meine

Leichte Lockerungen neben dem schweren Bock. Marathonläufer sind Individualisten, leistungsmotivierte, zähe, gewissenhafte, stabile Persönlichkeiten. Manche geben nach einem Rennen noch richtig Gas. Auf dem Motorrad.

Volles Haus beim Eliterennen: die packenden ersten Meter bei der Weltmeisterschaft 1993 im Stuttgarter Gottlieb-Daimler-Stadion.

Haut zu laufen. ‚Hoffentlich hälst du durch', ging es mir durch den Kopf. Aber ich hatte mich ja gut vorbereitet. 1346 Kilometer war ich in den letzten vier Monaten gelaufen, und mein Vater, selbst ein erfahrener Läufer und Sportmediziner, würde mich bei meinem ersten Marathonlauf begleiten.

Hoffentlich krieg' ich keine Seitenstiche oder keine Bauchschmerzen wie so oft am Samstag beim Lauftreff, weil Mama mittags immer Gemüsesuppe kocht. Hoffentlich laufe ich mir keine Blasen an die Füße, wie bei meinem ersten Dreistundenlauf. Habe ich auch alles eingepackt? Und wie würde das Wetter werden?"

Bei Gerhard Barmeier liefen wieder mal die immer wiederkehrenden Gedanken ab: „Willst du wirklich Marathon laufen? Wieso nicht? Willst du dich wirklich vier Stunden quälen? Bei der Arbeit quäle ich mich jeden Tag acht Stunden. Ein Mann muß bis vierzig einen Baum pflanzen, einen Sohn zeugen, ein Haus bauen, einen Marathon laufen. Wo steht das mit dem Marathon? Wo steht das andere? Außerdem habe ich zwei Söhne. Im Februar werde ich vierzig."

Aber die Zweifel mußten jetzt hintanstehen. Jetzt stand er hier. Am Start. Ein bewegender, großer, langer Augenblick.

„Noch 20 Minuten. 20 Meter Schlange vor der Toilette. In die Büsche. Startaufstellung. Gelbe Gruppe. Ansprache des Bürgermeisters. Fünf Minuten bis zum Start. Tränen der Rührung. *Conquest of Paradise.* Zum Marathonstart wie Henry Maske in den Ring. Startschuß. *Ode an die Freude.* Schienbeine tun weh. Das fängt ja gut an. Langsam laufen. Blase drückt. Weiterlaufen? Weiterlaufen!"

Der Start

Die meisten sind aufgekratzt. Nervöse, glückliche Gesichter. Wir stehen am Start, mitten im Pulk, wir sind am Ziel der monatelangen Vorbereitung. Bis zum Ziel sind es jetzt bloß noch drei, vier Stunden. Wir sind gesammelt.

Der Startschuß ist wie eine Erlösung. Eben schien dies noch eine stille Prozession zu sein, von der Spannung gelähmt. Jetzt löst sich die Angespanntheit in Wohlgefallen. Endlich laufen.

Von wegen laufen. Nichts geht, anfangs. Pulk. Trippeln. Marschieren. Für den ersten Kilometer kann man schon mal, wenn es schlecht läuft, zehn, zwölf Minuten brauchen – statt fünf oder sechs wie normalerweise. Nach zwei, drei Kilometern entzerrt sich das Feld. Ich versuche sparsam zu laufen.

Das Profil der Läufer

Die Sportwissenschaftler haben über das Phänomen Marathon lange geflissentlich hinweggesehen. Der Marathonläufer war, obwohl er in Massen auftritt, kein Gegenstand ihrer soziokulturellen Untersuchungen.

Wie also sieht er aus, der typische Marathonläufer? Mittlerweile hat Susanne Kreitz fundamentale Fakten gesammelt. Sie verteilte beim hanse-Marathon ein paar tausend Fragebögen und bekam reichlich zurück, so daß sie eine seriöse wissenschaftliche Arbeit (*Marathon im Lebenslauf. Eine empirische Untersuchung*, Berlin 1996) verfassen konnte. Über 350 Seiten lang, ist es die mit Abstand umfangreichste ihrer Art.

Wenn Wissenschaftler über Menschen schreiben, liest sich das so: „Bei unseren Marathonläufern und -läuferinnen fiel auf, daß sie eine positive Sozialauswahl darstellen, die tendenziell im oberen Drittel des sozialen Gefüges anzusiedeln ist. Im Hinblick auf die soziale Schichtung konnte gezeigt werden, daß Marathonläufer sich überwiegend aus hochqualifizierten Berufen rekrutieren, daß sowohl Akademiker(innen) als auch Personen, die im vollen Erwerbsleben stehen über- bzw. Arbeitslose unterrepräsentiert sind.

Über den Reiz des Marathonlaufens fand Susanne Kreitz heraus: „Anfänger, Fortgeschrittene, Spitzenathleten, Inländer und Ausländer, Männer und Frauen starten nicht nur im selben Lauf, sie haben auch ein sehr ähnliches Verhältnis zum Laufen, das durch Freude und Spaß am Lauf bei aller Ernsthaftigkeit und großem Zeitaufwand geprägt ist."

„Typische" Marathonläufer sind zäh, fleißig und emotional stabil. Sie sind als relativ vollendete Persönlichkeiten gewissenhaft, systematisch vorgehend, hart arbeitend, geduldig, ausdauernd und nicht impulsiv, realistisch, selbstständig, leistungsmotiviert und überdurchschnittlich intelligent. Weitere Eigenschaften von Marathonläufern: selbstverständliches Überlegenheitsgefühl, Durchsetzungsvermögen, Bereitschaft zu konsequenter Disziplin.

Noch mehr statistische Daten gefällig?

90 Prozent der Marathonläufer sind Männer
80 Prozent nehmen auch an Volksläufen teil
63 Prozent haben schon Halbmarathonläufe absolviert
76 Kilometer trainieren sie pro Woche
12 Stunden wenden sie wöchentlich für ihre Laufaktivität auf
30 Jahre ist das durchschnittliche Laufanfangsalter
43 Prozent der Marathonläufer sind Mitglied in einem Sportverein
10 Prozent machen bei Lauftreffs mit
2 Paar Laufschuhe verbrauchen Marathonläufer pro Jahr
250 Mark geben sie pro Jahr für Laufkleidung aus
65 Prozent nehmen Ernährungszusätze wie Elektrolythe
40 Prozent lesen regelmäßig ein Laufmagazin
33 Prozent starten bei Marathons im Ausland
10 Prozent starteten schon bei einem Marathon in USA
77 Prozent orientieren sich bei der Auswahl der Laufstrecke an der Attraktivität der Stadt

Die Motive

Ich bin ein typischer Mitläufer. Nie im Leben kann ich gewinnen. Aber das können allenfalls zwei, drei Dutzend der Marathonläufer. 1998 liefen fast 50 000 Deutsche hierzulande oder irgendwo in der Welt bei einem Marathon mit. 99,8 Prozent laufen gegen keinen Gegner, nur gegen sich.

Nein, eigentlich für sich. Wie ich.

Sie laufen, um fit zu sein. Sie laufen, um Gewicht zu verlieren. Sie laufen, um Streß auszugleichen. Und manchmal laufen sie auch nur aus ganz läppischen Gründen. Wie Bernd Schwane. Der sprang für seinen Bruder ein. Sein Bruder hatte Knieprobleme, und Computer-Spezialist Schwane aus Neuss wollte die 60 Mark Startgeld nicht verfallen lassen. Also trat er für seinen Bruder beim Marathon an.

Sie laufen, um lange zu leben. Sie laufen, um sich länger jung zu fühlen. Sie laufen Marathon, weil es sich spannend anhört. Weil es nur wenige schaffen, mal einen Marathon zu laufen. Sie laufen Marathon, um es einfach mal auszuprobieren und um etwas über sich selbst zu lernen.

Was? Wie weit es geht. Wo die Grenzen sind. Wie Grenzerfahrungen sind. Was sich im Körper und vor allem im Kopf abspielt, wenn es scheinbar nicht mehr geht. Wie es ist, wenn Euphorie, Jammer und Triumph ganz eng beieinander ablaufen. Wie es ist, sich ganz klein und doch groß zu fühlen.

Kann jemals einer von uns auf Wimbledons Center Court gegen Steffi Graf oder Andre Agassi ein Match spielen? Ist es für uns möglich, bei einem Grand Prix gegen Michael Schumacher oder Mikka Hakkinen Runden zu drehen? Kaum.

Beim Marathon ist es möglich, im Rennen gegen die Weltbesten dabei zu sein – wenn auch mehr oder weniger weit hintendran. Marathons sind offen für jedermann, für Sportsleute wie dich und mich, für Studenten und Schlosser, für Schwiegermütter und Großväter, für Nachbarn, Kollegen, Rivalen, für Leisetreter, laufende Meter, für fleißige Lieschen und für den flotten Otto. Wenn man so will: Marathon ist für alle eine faire Herausforderung und dazu eine besonders demokratische.

Die Lust

Von Kilometer acht bis fünfundzwanzig schieben die Engel. Ich fühle mich beflügelt. Ich federe über den Asphalt. Meine Beine – die fühle ich gar nicht mehr. Jeder Schritt ist eine Leichtigkeit. Wirklich, ich meine zu fliegen. Mein Atem geht gleichmäßig, angenehmes Gleichmaß, der Rhythmus. Wie stark ich mich fühle, wie leicht, wie elastisch, wie frisch. Die Arme schwingen ein wenig. Sicher lächle ich vor Glück.

Die Rede ist jetzt vom Laufrausch: *Runner's High*. Wenn es gut läuft, durchströmen nach einer knappen Stunde körpereigene, dem Morphium ähnliche Hormone – Endorphine – den Körper. Der Laufrausch ist im allgemeinen eine mildere Form des Rausches, anders als der Höhenrausch, den Bergsteiger mitunter erleben, oder der Tiefenrausch von Tauchern. Sheehan nannte diesen Moment das „Gipfelerlebnis des vollkommenen Friedens mit den Dingen", bei dem er außerordentlich kreativ, ja poetisch werde.

„Ich laufe nur noch vorwärts und träume weiter. Träume mich in eine Melodie hinein, die ich plötzlich ganz leise aus weiter Ferne höre. Doch die Musik kommt näher, ich laufe auf sie zu, oder kommt sie mir entgegen? Sie kommt von dort, wo ich eigentlich den ‚Mann mit dem Hammer' erwarte, so wie es mir zuvor andere Läufer erzählten, die es schon erlebt hatten."

Für Dietmar Czapalla waren diese Minuten ein Laufgenuß: „Meine Füße übernehmen den Rhythmus der Musik; sie beflügelt mich, und ich gerate in einen Rausch von Gefühlen, wie ich es so während eines Laufes noch nie zuvor erlebt hatte. Plötzlich kommt meine Kraft zurück, meine Beine werden wieder leichter, und ich bin voller Optimismus. Ich kann es schaffen, ich werde es schaffen, ich spüre es. Zweimal, dreimal läuft mir ein wohlig kalter Schauer den Rücken hinunter. Schön wie im Traum. Und traumhaft ist jetzt auch alles um mich herum. Die vom Regen der Nacht noch geschwängerte Luft, Sonnenstrahlen fallen durch das nasse Laubdach über mir und strahlen auf alles. Strahlen auch auf meine Haut und dringen ganz tief nach innen. Wohltuende Wärme, unheimliche Gefühle. Die von Meter zu Meter größer werdende Wahrscheinlichkeit, das Ziel zu erreichen, den Traum zu Ende zu träumen, ohne vorher wach zu werden, treibt mich jetzt unaufhaltsam vorwärts."

Fröhlicher Aufgalopp: Auf den ersten Kilometern nach dem Start diktiert die Euphorie das Tempo der Teilnehmer.

Der Marathon-Debütant Peter Reher erinnert sich: „Peter, bremsen, bremsen, denn auf der ersten Hälfte der Strecke passiert gar nichts, die darfst du gar nicht merken. Habe ich irgendwo gelesen. Tatsächlich weiß ich gar nichts. Meine Füße berühren kaum den Boden, ich schwebe. Es ist also wahr, was Experten so schreiben. Ich trinke an jeder Station dieses klebrige Zeug isotonischer Getränke. Immer rein damit, mein Magen war schon immer robust."

Die Angst

Irgendwann ist die Angst auch bei mir da. Sie läuft von Anfang an mit, diese Angst vor Qualen, die du nicht kennst, nicht kennen kannst, diese Angst vor dem Aufgeben. Anfangs konntest du sie mühelos abhängen, weil es wunderbar lief. Du spürtest Kraft in deinem Körper, und die Kraft ließ lange nicht nach, und dieses Gefühl, so ausdauernd zu sein, verschaffte dir sinnliche Triumphe und gab zusätzliche Kraft.

Doch plötzlich holte dich die Angst ein, diese Angst vor der Mauer, vor dem Mann mit dem Hammer, vor irgendeinem Monster, von dem dir Erfahrene unisono erzählt hatten. Was sie schilderten, klang schaurig. Aber es war nicht zu fassen. Und deswegen schien es auch nicht so schlimm.

Der Berliner Fritz Blieffert war 58, als er sich zum ersten Mal traute. Aber die Zweifel liefen immer mit. „Marathon – das ist eine elende Schinderei, unterwegs stirbst du langsam weg und läufst als Leichnam weiter. Es ist beschämend, wenn du als Geist durch die Straßen schwebst, und der neben dir, dieser elende Zombie, das sollst du sein? Dieser fauchende, mit glasigen Blick nach vorn stierende Läufer, das bin ich, der große Held des Halbmarathons, nein und niemals nein. Das ist ja ein elender Masochist, der sich selbst vor anderen Leuten zum Affen macht."

Jurastudent Frank Martin Krauss mußte „so allein auf weiter Flur an all die Schauermärchen denken, die ich über den Marathonlauf gelesen habe. Von blutenden Brustwarzen bis zum plötzlichen Herztod spukt mir alles durch den Kopf. Und natürlich die Angst vor der Mauer."

Die Leiden

„Plötzlich quält mich heftiges Seitenstechen, erst rechts, dann links, dann schmerzt der ganze Bauch", erinnert sich Cornelia Schötz. „Das, wovor ich am meisten Angst hatte, ist eingetreten. Ich versuche alle im Training erlernten Tricks anzuwenden: ruhige Atmung, Bauch entspannen, flacher Schritt. Nichts hilft. Mentale Übungen: Schmerz ausatmen, Kraft einatmen, Ablenkung durch positive Gedanken. Ich kann keine positiven Gedanken mehr fassen. Alles ist erfolglos. Noch nie hatte ich solange Seitenstechen. Plötzlich liegt ein Gartenschlauch im Weg, der genau in dem Augenblick hochgehoben wird, als wir darüberlaufen. Ich strauchle, kann aber gerade noch einen Sturz verhindern. Das Blut schießt mir siedend heiß in den Kopf – maximale Adrenalinausschüttung! Für einen kurzen Moment sind die Bauchschmerzen weg, kommen dann aber um so stärker wieder. Ich muß den Schritt verlangsamen, gehe schon fast."

Irgendwie geht es doch noch weiter.

Die Lehrerin Brigitte Schneider spielt ihren Tiefpunkt mit einer Portion Humor herunter: „Hallo, wo bist du, Runner's High,

Volle Pulle: Unterwegs müssen Marathonläufer nachtanken. Für die Eliteläufer entscheiden auch die Trinksitten über den Erfolg.

Glücksgefühl? Ich warte... Hallo, Stoffwechsel, du darfst jetzt an meine Fettreserven, das Kohlenhydratdepot ist erschöpft. Nimm dir mein Fett! Ich erlebe im Moment das absolute Runner's Down."

Und Gunter Gabriel, der 95-Kilo-Kerl, lief längst auf dem Zahnfleisch. „Wie ein Tiefseetaucher mit gewaltigen Bleifüßen" fühlte er sich, während er durch das Monstrum New York seinen Marathon lief.

Die Mauer

Jetzt war die Angst auch bei mir da. Sie war schlimmer als die Angst vor dem „ersten Mal". Pein und peinliche Versagensangst waren damals auch im Spiel. Doch Neugierde und Begierde besiegten sie. Jetzt mußtest du dich selbst besiegen.

Viele waren bereits besiegt. Ich sah in verzweifelte Gesichter. Hohlwangig, leer, ausgebrannt hinkten, humpelten, torkelten, krochen Männer über den Kies, mit stierem Blick und Beinen, die ihnen nicht mehr gehorchten. Waidwund lagen welche im Gras, auf dem Rücken, wie hilflose Käfer – Männer, die geschlagen waren vom Mann mit dem Hammer.

Sie waren an der Mauer gescheitert, diesem Monstrum, das so schwer zu fassen ist.

Georg ging gerade ein.

Mit Georg hatte ich Hunderte von Kilometern hinter mir, gemeinsame Trainingsrunden. Jetzt liefen wir seit über zwei Stunden nebeneinander – heute, bei unserem ersten Marathon.

Wir waren ausgelassen gelaufen. Wir hatten über hagere Asketen gewitzelt und uns gefreut, wenn Mädchen Mädchen waren. Einmal hatten wir uns an einen blonden Pferdeschwanz gehängt, weil der zu einem Mädchen gehörte, das einen mehr als erfreulichen Anblick bot. Wir hätten die Läuferin längst überholen müssen, denn ihr Rhythmus war langsamer als unserer. Aber ohne daß Georg oder ich etwas sagten, hielten wir uns zurück. Keiner von uns dachte in diesem Moment an den Mann mit dem Hammer, der dich deiner Kraft beraubt, der dich böse malträtiert.

Und jetzt hatte er gerade Georg erwischt. Georg ging ein. Erst wurde er stumm, dann bleich, dann hörte ich ein rauhes Raspeln seines Atems, sah seine bleischweren Beine, die aufgerissenen Augen, seinen demütigen Blick.

„Es ist ein großer Unterschied, ob man eine Meile läuft oder einen Marathon. Beim einen verbrennt man sich vielleicht den Finger, beim anderen wird man über heißen Kohlen geröstet."

Hal Higdon, Läufer und Schriftsteller

Gib ihm Saures: Für das große Feld der Marathonläufer sind die Verpflegungsstationen Anlaufpunkte der Sehnsucht.

Vorhergehende Doppelseite:
Waaa-sss-eeer!!! Wenn der Körper des Marathonläufers heißgelaufen ist, schreit er aus allen Poren nach Kühlung. Jeder Strahl bedeutet auch Labsal für die Seele.

Georg wirkte gespenstisch. In diesem Moment meldete sich die Angst als faßbare Größe und bekam schaurige Konturen.

„Los, lauf", greinte Georg, „laß mich!" Ich blieb bei ihm, trabte neben ihm, ermunterte ihn. Er nahm mich kaum mehr wahr. Er war allein mit sich und dem Monster.

Ich sah in seine Augen, und da sah ich das Ungeheuer. Da ahnte ich allmählich, was auch mir blühen könnte.

Wie hart es wirklich werden würde, konnte ich nicht wissen.

Ich ließ Georg allein, weil er das so wollte. Und ich wollte ebenfalls alleine sein, wenn sich die Mauer vor mir türmte.

Es dauerte nicht lange, da war sie da. Jäh. Kein zaghaftes Drohen, das dem totalen Absturz vorangegangen war.

Oder doch?

Doch, die Angst davor. Aber sonst hatte der Körper kaum Vorzeichen der Schwäche signalisiert.

Die Wucht des Zusammenbruchs war schlimm, schlimmer als alle theoretische Vorstellung der verzweifelten Hilflosigkeit. Meine Beine waren ihres Schwunges beraubt. Bleiern, zentnerschwer schienen die Schenkel. Leise, nein, lautlos wurde der ganze Körper von kreischenden Schmerzen erfaßt und wußte sich nur mit kläglicher Jämmerlichkeit zu wehren.

Ich hechelte. Ich spürte meinen trockenen Hals und das Würgen. Die pelzige Zunge. Salziger Schweiß rann in die Augen. Meine Füße schienen am Boden zu kleben.

Und doch lief ich weiter.

Schlapp-schlapp-schlapp.

So ähnlich mußte meine Gangart klingen. Die innere Taktmelodie war dahin. Schlapp-schlapp-schlapp. Ich schleppte mich voran, mein Körper war weiterhin in Fahrt. Ich hatte sogar das matte Gefühl, daß die Geschwindigkeit meiner Schritte kaum geringer geworden war. Aber das stimmte natürlich nicht. Es ging nur mühsam dahin. Schlapp-schlapp-schlapp.

Wie ein Fluß, der träge und modrig sein Brackwasser transportiert, so war mir zumute. Mutlos, marode, demütig, kleinmütig, müde.

Das war sie also, die Krise, die Mauer, das Monster. Es war eine melancholische Bekanntschaft, die ich da machte. In meinem Bauch spürte ich einen Knoten und in meinem Kopf absolute Leere. Der Wille war wie weggelaufen, die Willenskraft zusammengebrochen. Und doch lief ich Schritt für Schritt weiter, verzweifelt, stur, trotzig – und wie in Trance. Schlapp-schlapp-schlapp. Mein Körper rannte gegen die Mauer an, stieß schon dran, spürte instinktiv die Konturen der Mauer und machte schmerzliche Bekanntschaft mit der Härte. Aber irgendwie, irgendwo waren doch noch Reste von Hoffnung, daß sie zu überwinden wäre, die Mauer.

Der mausetote Punkt

Die Mauer, der Mann mit dem Hammer, dieses monströse Phänomen, das Tausende von Marathonläufern, aber auch Bergsteiger oder Bodybuilder herausfordern, um es zu besiegen, dieser tote Punkt reduziert sich in der Sprache der Sportmediziner auf den banalen „Zustand völliger Erschöpfung".

Erschöpft sind vor allem die Energiedepots im Körper. Aber nicht nur die. Weil der Körper ein komplizierter Komplex mehrerer Organsysteme ist, erschöpfen sich außer der Muskulatur auch der Kreislauf und das Atem- und Nervensystem, also die Psyche.

Mit letzter Kraft: Ein Marathonläufer bricht im Ziel zusammen. Helfer bemühen sich um ihn. Er wird rasch regenerieren.

„Erschöpfung ist eine durch Tätigkeit hervorgerufene Funktionsminderung.“ Noch so eine nüchterne Definition aus der Sportmedizin. Klingt ganz einfach. Tatsächlich aber ist die durch Tätigkeit hervorgerufene Funktionsminderung so kompliziert, daß sie hier vereinfacht wird, um sie zu verstehen.

Laufen ist nichts weiter als Arbeit. Für Arbeit ist Energie nötig. Energie entsteht durch Verbrennung. Für die Verbrennung wird Sauerstoff benötigt.

Die Energieträger des Muskels sind das Adenosintriphosphat, kurz ATP, und Glykogen, also Kohlenhydrate und Fette. Kohlenhydrate liefern schnell abrufbare Energie. In der Muskulatur sind 200 bis 300 Gramm vorrätig, in der Leber rund 150 Gramm, was insgesamt etwa 1600 Kilokalorien erbringt, Brennstoff, der einem Läufer für rund 30 Kilometer reicht.

Danach sind die Depots leer, der Körper muß an seine Fettreserven. Um Fett in Energie zu verbrennen, ist 15 Prozent mehr Sauerstoff als bei Kohlenhydraten nötig. Das Atemsystem muß nun also auf Hochtouren laufen. Man hechelt.

Man merkt seine Beine: bleischwer. Das ist das Resultat der Glukose-Verbrennung. Hierbei entsteht nämlich Milchsäure, die die Muskelkontraktion hemmt. Mehr noch: Das sogenannte Ionen-Milieu im Zellinnern der übersäuerten Muskeln ist ebenfalls in Unordnung, der intrazelläre Kaliumverlust beeinträchtigt zusätzlich die Muskelkontraktion.

Es kommt also ganz dicke – und alles auf einmal. Der Bewegungsapparat, das heißt Skelettmuskeln und Gelenke, ist erschöpft, das Atemsystem ist überfordert, und die Nervenzellen im Kopf sind blockiert – ein zentraler Ermüdungszustand ist erreicht, ein Schutzmechanismus gegen Überanstrengung. Die Koordination zwischen Muskelspiel und Nervensystem ist unsicher, die Aufmerksamkeit läßt nach, die Reaktionszeit ist größer und vor allem auch die Gleichgültigkeit. Jetzt ist der Moment gekommen, wo so viele aufgeben möchten – und viele tatsächlich auch aufgeben. Der Wille ist weg.

Der Wille

Der Wille ist eine Art Machtzentrum in der menschlichen Seele, das unglaubliche Tatkraft und Triebstärke freisetzen kann. Das Wesen des Willens wollen Dichter seit jeher in Worte fassen. William Shakespeare ist das vor 400 Jahren trefflich gelungen. Feinsinnig formulierte er: „Unser Körper ist ein Garten und unser Wille der Gärtner.“ Willig legte Schiller seinem Wallenstein folgende Weisheit in den Mund: „Den Menschen macht sein Wille groß und klein.“

In seinem Werk *Das graue Männlein* schrieb ein Ph. Eduard Devrient (1846): „Die Kraft des Willens wirkt, daß man's erzwinge / Macht uns zum König über alle Dinge.“ Und schließlich noch

Becher flieg! Auch der hanse-Marathon in Hamburg, immer Ende April, kann schon mal zur Hitzeschlacht werden. Alle fünf Kilometer gibt es für die Läufer reichlich Wasser und isotonische Getränke.

„Du mußt deinen letzten Marathon vergessen, bevor du einen neuen wagst. Dein Kopf sollte nicht wissen, was kommt.“

Frank Shorter, Marathon-Olympiasieger 1972

eine jüngere Erkenntnis zum Thema, die Volkes Stimme in die Welt gesetzt hat: „Wo ein Wille ist, ist auch ein Gebüsch.“

Wo war mein Wille? Mit stauchendem Schritt schleppte ich mich voran. Schlapp-schlapp-schlapp. Aber immer noch hörte ich nicht auf den inneren Schweinehund, der immer wieder kläffte: „Hör doch auf, du Depp, geh doch einfach! Oder besser, gib doch einfach auf!“

Ich ließ mich nicht darauf ein. Ich ließ mich nicht gehen, ich ging nicht, ich lief noch immer – auch wenn es nur noch ganz langsam lief und mühsam und schwerfällig und schmerzhaft. Es war ein verzweifelter Kampf. Mit mir, gegen den inneren Schweinehund, gegen mich selbst.

Nicht die Strecke, sondern das Tempo tötet.

Die Schwäche

„Ich schleppe mich in eine Müdigkeit, die alles ausfüllt. Speichel, der mir beim hundehaften Atmen aus den Mundwinkeln rinnt, gefriert am Bart. Die Stirn, auf den Pickel gestützt, ist heiß. Mit verzerrtem Gesicht kauere ich da, selbstvergessen. Wie die Lunge in meinen Ohren röchelt! Wie das Herz hämmert! Es ist schmerzhaft, wenn sich die beiden Geräusche in meinem Kopf überlagern.“ Empfindungen, die der Bergsteiger Reinhold Messner hatte, kurz bevor er den Gipfel des Nanga Parbat (8125 m) erreichte. Im Alleingang.

Alleingang betitelte er die Niederschrift eines lebensgefährlichen Abenteuers jenseits menschlicher Leistungsfähigkeit. Wie kaum ein anderer besitzt Messner sinnliche Darstellungskraft. Sein wohl bestes Buch ist ein Dokument geworden, das die Grenze zwischen Aufgeben und Draufgehen verdeutlicht, den schmalen Grat zwischen Willenskraft und Wahnsinn. „Wieder ist meine Erschöpfung so groß, daß es keine Gedanken mehr gibt. Und doch ist mir in der Müdigkeit alles glasklar. In meinen Stimmungen liegen Erhabenheit und Banalität ganz nahe beieinander. Die einfachsten physiologischen Nöte sind ebenso wichtig wie das hochtrabendste philosophische System.“

Solo gegen die eigene Angst. Dreimal war Reinhold Messner am Nanga Parbat gescheitert, ehe er den Alleingang schaffte. „Ich bin nur noch ein gequältes, zerrissenes Wesen“, schrieb er nach dem ersten Aufgeben. „Ich habe Angst; Angst vor der Angst, da oben die Einsamkeit nicht zu ertragen, mich aufzulösen. Ich bin ein einziger Zwiespalt aus Wunsch und Angst.“

Es ist keine Furcht vor dem Absturz, die ihn lähmt; es ist, als ob er in diesem Alleinsein verlorenginge. Dieses Alleinsein bedeutete damals für Reinhold Messner Getrenntsein, getrennt von seiner Frau. „Ich bin nicht im seelischen Gleichgewicht, um so ein großes Unternehmen sicher zu Ende zu führen.“ Er brach ab. Fünf Jahre später schaffte er seinen Alleingang. Inzwischen lebte er von seiner Frau getrennt, hatte jenes Höchstmaß an Unabhängigkeit, um auch sein Leben zur Disposition stellen zu können für den möglichen Triumph über den Berg und über sich selbst.

„Der Mensch kann alles, was er will“, behauptet Reinhold Messner. „Aber ein normaler Mensch will nur, was er kann.“

Die Jämmerlichkeit

Ich kann kaum mehr, will aber.

Was will ich denn bloß in diesem Zustand größter Jämmerlichkeit?

Nicht viel. Nur durchhalten. Nur weiter.

Warum nicht einfach aufhören? Warum weiter? Warum, bloß? Wem will ich damit etwas beweisen?

Keinem. Doch. Mir selbst. Ich will mich selbst besiegen. Über meine Schwäche triumphieren, die Bequemlichkeit bekämpfen, den inneren Schweinehund anketten.

„In mir fühle ich ein Kribbeln, ein Beben, ein Dahinfließenwollen, Frösteln und Schwitzen zugleich – meine Umwelt versinkt im Nebel – Altweibersommer! So, das ist also der ‚Mann mit dem Hammer', ‚the hammering man', die Wand, der tote Punkt – letzteres trifft wohl am ehesten zu. Ich bin stehend, nein laufend k.o.

Trotzdem, meine Beine sind nicht schwer, mein Atem geht ruhig, meine Waden sind locker. ich bin einfach erschöpft, ausgepowert, kaputt, finito, Ende aus, Schluß! Ich höre auf, ich will nicht mehr, ich kann nicht mehr", jammert Brigitte Schneider.

Der Fotograf Hans-Jürgen Suchowski, früher 81 Kilo, jetzt 66 Kilo, hat eine Bestzeit von 2:44:07 Stunden. Mit der Distanz verliert er seine Worte: „Die Oberschenkel schmerzen, staksig laufe ich jetzt über den harten Asphalt. Jedenfalls meine ich, der Asphalt sei härter geworden. Meine Güte, bin ich platt."

In Gerhard Barmeier tobt ein innerer Kampf. Und alles, für das er sich noch krumm macht, ist eine banale Banane.

Kilometer 30: der Mann mit dem Hammer. Gehpause. Weiterlaufen. Gehpause. Banane essen. Hände flattern. Hungerrast. Warum habe ich Idiot vorhin keine Banane gegessen? Gehpause. Aufgeben? Wenn ich nicht allen erzählt hätte, daß ich hier laufe, würde ich aufgeben. Weil ich mich kenne, habe ich es allen erzählt. Ich kann gar nicht aufgeben. Die Blamage gönne ich mir nicht. Noch zwei Kilometer bis zum Verpflegungsstand. Banane essen. Noch zehn Kilometer bis zum Ziel.

Die Mauer, gegen die ich nun anrenne, der tote Punkt, der mich gerade bei lebendigem Leibe erwischt hat, scheint endlos zu sein.

Aber natürlich ist er das nicht. Erfahrene, die den Schrecken schilderten, erzählten ebenso von „Sisu" – wie Finnen den zweiten Wind nennen. Irgendwann kommst du durch die Mauer, hast den toten Punkt überlebt. Sisu beflügelt dich dann angeblich. Dein Körper funktioniert wieder, verbrennt Fett, und dann läuft es, und es läuft schon deshalb wieder, weil deine Psyche Triumphe feiert, weil du nicht aufgegeben hast, und weil es bis zum Ziel nicht mehr weit ist.

Die Hoffnung

Im Ziel wartet eine Frau. Meine Gedanken laufen zu ihr. Ich rede mit ihr, ich befehle mir „Go, go!" und frage mich, warum ich mir englische Brocken kommandiere. „Go, go for it, go!"

Schlapp-schlapp-schlapp. Noch immer sind die Beine bleischwer, aber in meinem Kopf schwingt nun optimistische Leichtigkeit mit, seit ich getrunken habe. Zwei von diesen Mineralgetränken, die dem Körper das zuführen, was er unentwegt verpulvert und ausschwitzt.

„Go, go!", schimpfe ich. Nein, meinem Körper bin ich nicht böse. Im Gegenteil. Ich erlebe in dieser Krise respektvollen Dank für meinen Körper. Meine Gedanken reichen bereits ins Ziel. Ich

Soweit die Füße tragen: Ein Marathon – das sind rund 40 000 Schritte. Nur die letzten 10 000 fallen schwer. Weil die Beine bleischwer sind, weil die Knie wehtun und manchmal Blasen furchtbar traktieren.

2:42:35
SEIKO
FINISH
John Hancock

will ankommen. An meinem Ziel. Und bei ihr. Sie hatte versprochen, mir die Wunden zu lecken. Mich wundert, daß ich plötzlich so fröhlich bin.

„Nach der verzweifelten Müdigkeit und dem vorübergehenden Zusammenbruch der Willenskraft folgt fröhliches Losgelöstsein." Mehr als nur ein profaner Stimmungswandel. Für einen wie Günter Herburger besitzt diese Erfahrung hohen symbolischen Wert. „Nichts ist zu Ende. Verzweiflung wird zu etwas Natürlichem, zu einer Lebensstrecke, die man auch wieder verläßt."

Unterwegs, mitten in extremer Anstrengung, habe er das Gefühl, mit den Ellenbogen sehen zu können, und seine Knie seien wie Radarbündel. Er nimmt dann Abschied von der Welt, „um der Welt zuinnerst zu begegnen".

Er überläßt sich dann der Unendlichkeit der Zeit, fühlt keine Zeit mehr, läuft außerhalb der physikalischen, technischen, organisatorischen Zeit", taumelt dahin, in seiner eigenen Müdigkeit und Melancholie.

Herburger lief jedes Jahr vier-, fünfmal einen Marathon. Und auf die Mauer wartete er geradezu, fast lustvoll begrüßte er sie, ließ sich versinken, gestattete sich diesen Trip, der für ihn mehr ein psychisches Phänomen ist als ein „Zustand völliger Erschöpfung". Innerlich erhoben ließ er sie hinter sich, die Mauer.

Die Erlösung

Sie explodiert nicht spektakulär, die Mauer. Pink Floyd lassen *The Wall* musikalisch in die Luft fliegen. Meine Mauer löst sich leise in Luft auf.

Die Krämpfe lösen sich, ebenso der Knoten in der Brust. Die bleischweren Beine werden wieder leichter. Vor allem aber der Sinn. Eben noch herrschte Demut. Jetzt ist Übermut da. Es läuft wieder wie von selbst.

Und wie ist das bei anderen?

Sebastian Ackermann philosophierte: „Was hält einen noch aufrecht bei Kilometer 33, wenn das verdammte Glykogenloch kommt und nichts mehr geht? Vielleicht der Gedanke, daß es nur noch lumpige 9,195 km sind bis zum Ziel, um dann im Rausch der Tausenden die magische Linie zu überschreiten, nein nicht überschreiten, sich hinzuschleppen, die letzten 100, 50, 10 Meter, die zur absoluten Qual werden. Und dann? Du kennst dann eigentlich nur eines: ein noch nie dagewesenes Gefühl der Sympathie mit allem, was du siehst, riechst, schmeckst, hörst, tastest. Alles ist dir nah und fern zugleich, nichts ist, wie es früher war. Alles ist anders, alles ist neu: Ein Maßstab wurde gesetzt, dein Maßstab, an dem sich alles messen wird. Vieles wird möglich, was sonst unerreichbar schien. Gibt es ein Maß auf Erden? Ja, es gibt eines. Die griechischen Vorbilder winken – aber das gehört zur Philosophie des Marathons, wenn es denn eine gibt. Eine erlebte, eine erlaufene, eine erkämpfte gibt es allemal, für jeden einzelnen!

Die letzten Meter

Manche treibt nur noch ein tumbes Scheißegal-nur-ins-Ziel-Gefühl vorwärts. Manche spurten. Manche jubeln. Manche kämpfen verbissen. Ich kämpfe mit sonderbar sentimalen Gefühlen. Gleich hast du geschafft, was du dir vorgenommen hattest. Du hast geschafft, für was du monatelang konsequent trainiert hast. Da war anfangs der Übermut und der Mut, den Marathon anzugehen. Dann war da Demut, Schmerz und die quälende Frage: Warum diese Schinderei? Jetzt kannst du in dir die Antwort finden. Auf diesen letzten Schritten vor dem Ziel.

Geschafft. Du bist geschafft, und du hast geschafft, was du wolltest. Es war schwer, sauschwer, und die Verlockung, einfach aufzugeben, wie viele andere es getan haben, war groß. Du warst klein, aber doch noch ein bißchen größer als deine Schwäche. Du könntest weinen in diesem ganz besonderen Moment – und du tust es auch. Die Versagensangst, die sich aufgestaut hatte, die Schmerzen, die sich mitschleppten, die Zweifel – all das löst sich auf den letzten Metern vor dem Ziel auf. Statt Beklemmungen fühlst du plötzlich eine ganz große Befreiung.

Das Ziel

„Ich habe die klatschenden, anfeuernden Zuschauermassen gar nicht wahrgenommen, nur nach vorn gestiert und bin wie ein Roboter gelaufen", erinnert sich Fritz Blieffert. „Vielleicht haben sie mich im Unterbewußtsein vorangetrieben. Ich wollte nur nicht ausrutschen, stolpern, hinfallen, vielleicht ist dann der Krampf wieder da, und ich komme überhaupt nicht mehr in Gang. *Ziel* ... ich glaube, ich wäre in Trance immer weiter gelaufen, immer weiter, immer weiter, wenn man mich nicht aufgehalten hätte. Ich bekam einen Orden umgehängt, eine Wärmeplane und durfte gehen."

„Im Zielkanal senkst du den Blick zum Boden. Du willst jetzt nicht nach vorne schauen, der vertraut gewordene Anblick des grauen Asphalts ist dir lieb und für den Moment das beste Gegenüber: Dieses seltsame Gefühl von Traurigkeit und Euphorie, Müdigkeit und unendlicher Stärke gibt es nur auf den Metern hinter der Ziellinie", schreibt Andreas Nolte.

„Links und rechts stehen die Zuschauer und Helfer mitfühlend, manche klatschen, andere sagen etwas Aufmunterndes. Dies ist eine Zeit der Widersprüche. Du möchtest alleine sein und den Erfolg begreifen, zur selben Zeit möchtest du Menschen sehen mit Anerkennung in den Augen und Worten der Begeisterung. Du möchtest diese Leistung des eigenen Körpers nur in dir selbst feiern – und doch mit allen Menschen auf dieser Welt.

Schon die Medaille um den Hals am Ende des Zieleinlaufes bringt dich der Gegenwart näher. Das kalte Stück Metall an deiner Brust ist greifbare Anerkennung für das Geleistete, vorzeigbar, wie es das, was in dir vorgeht, nicht ist.

Mit der Medaille um den Hals bist du als ins Ziel Gekommener gekennzeichnet. So wie die Läuferinnen vor dir, hinter dir, so wie die Läufer neben dir. Erst jetzt erkennst du deutlich, daß du nicht alleine bist. Langsam öffnet sich der Schleier, den die letzten einsamen und nachdenklichen Meter durch den Zielraum über dich gelegt haben. Die Gesichter der Mitgelaufenen um dich herum sind geprägt von Anstrengung und Stolz. Alle schauen bewegt, kaum einer ist überglücklich. Die meisten arbeiten noch innerlich an den vergangenen Stunden.

Das Glücksgefühl kommt später, wenn das Begreifen über uns kommt."

„Wenn ich könnte, würde ich schreien. Ich bin tatsächlich da, habe diesen Irrsinn mitgemacht bis zum Ende", blickt Rudi Holzberger zurück. „Ich durchlaufe das Ziel, stoppe ab – und kann nicht mehr gehen. Beide Fußballen blasenbedeckt. Auf den Hacken hinke ich im langsam einsetzenden Regen zum Champ-

Yippie, geschafft!!! Mit einem kleinen Freudentänzchen auf der Ziellinie beim New York City Marathon zeigt einer seine ganze Erleichterung.

Stand. Mehr als die Füße schmerzen noch die Schultern. Ich weiß nicht mehr, wie drehen oder enden. Und dann das Allerschlimmste. Jetzt bemerke ich Idiot meinen Fehler. Meine Kleider sind zwar trocken, aber fast unerreichbar – oben auf der Tribüne. Unnötige Zusatzarbeit, aber ich werde aus meinen Fehlern lernen..."

Und wie hat das der Sänger Gunter Gabriel erlebt, als er am Ziel seines Alptraumes war?

„Ich habe noch nie so viele zufriedene, dampfende Körper Mensch gesehen – ‚You're great, everybody is a winner' – die Plakette um den Hals, die Folie um die Schulter, zu den Bussen, ein frischer Apfel, Gott schmeckt der gut, ich hab's geschafft, zwei Stunden länger als der Sieger, was soll's – ich bin stolz und glücklich, der Regen stört nicht mehr, ziehe mich um, trabe mit meiner gelben Tasche ins Hotel. Taxi? Für zwei Meilen? Die krieg ich nun auch noch alleine hin."

Im Ziel. Am Ziel, ich bin am Ziel. Sicher lächele ich jetzt ebenso wie ein paar tausend andere heute auch, die ebenfalls durchs Ziel liefen, die Mauer und 42 195 Meter hinter sich ließen. Sicher lächele ich ein bißchen gepeinigt, ein bißchen sehr gepeinigt. Vor allem aber wohl gelöst. Und stolz.

Es war kein lebensgefährliches Abenteuer, keines, das vergleichbar wäre mit den himmelhohen Expeditionen eines Reinhold Messner. Dennoch, ich fühlte und fühle mich ähnlich weit oben. Und unten. Und wieder oben.

Von der Mauer herunter wirkt vieles geringer.

Geschafft und richtig glücklich: Voller Stolz umarmen sich zwei Finisher. Den Damen reichen Marathonveranstalter im Ziel gerne Blümchen.

Der Schwur

Nie wieder. Nie wieder so einen Marathon. Meine ersten Gedanken. Die ersten Gedanken von so vielen Marathonläufern, die mit Ach und Krach und auf dem Zahnfleisch das Ziel erreichen.

Nie wieder. Oder doch?

Gunter Gabriel über die Minuten und Stunden danach: „Ich falle in die Badewanne, weiche die Muskulatur auf – das Wasser brennt wie heißes Öl – ich träume – und ich spüre eine wohlige neue Kraft in mir, Selbstvertrauen – das setzt neue Kraft für andere Dinge frei – ja, darum laufe ich in diesem Lauf. Ein Freund ruft an, wir gehen essen, herrliche New-York-Steaks bei *Sardi's*, schlagen die Nacht rum in Kneipen und Musik-Clubs, bei Whiskey und Bier, und ich hänge unterm Tisch vor Müdigkeit und Alkohol – doch der Lauf muß begossen werden, und wir reden und reden nochmal über jeden Schritt, den wir taten, und ich brenne noch in mir, und meine Nerven summen. Es ist mein erster und schönster Marathon – so soll er in Erinnerung bleiben – der Beweis ist erbracht, weshalb nochmal und wieder und wieder – danke – ich hatte meine Satisfaction. Und darum: Es ist mein erster und schönster, aber auch mein letzter Marathon."

Selbst die Siegerin Grete Waitz schwor sich nach ihrem ersten New York Marathon: „Ich laufe den nie wieder."

Sie war total erschöpft.

Sie brach ihren Schwur. Sie fuhr immer wieder hin und gewann noch weitere acht Mal.

Geschafft und richtig schön kaputt: Diesem Marathoni sind die Strapazen nach dem heißen Rennen auf der Insel Malta ins Gesicht geschrieben. Ach ja, und ein paar Blasen hat er auch.

Nachfolgende Doppelseite: Pure Freude: Das Ziel bringt die Erlösung.

Ich will mir was beweisen...

Interview mit Joschka Fischer

Warum haben Sie beschlossen, sich einen Marathon zuzumuten?
Je länger ich laufe, um so mehr drängt die Frage: Warum nicht mal die Königsstrecke wagen?
Was verbinden Sie denn mit dem Mythos Marathon?
Ich könnte auch einfach nur so laufen. Aber irgendein Ziel sollte man sich immer stecken. Und Marathon ist nun mal durch die soziokulturelle Vorgabe das Maß aller Dinge und hat heute ja auch Volksfestcharakter. Und wir alten Socken bringen die lange Strecke nun mal noch am besten.
Haben Sie eine Vorstellung, wie hart es werden kann?
Nee.
Wollen Sie es auch nicht wissen?
Doch. Für mich waren bis jetzt 25 Kilometer das weiteste. Da komme ich schon an eine Grenze und spüre, ohne Flüssigkeitszufuhr geht es nicht weiter. Aber diesen Mann mit dem Hammer, von dem beim Marathon immer die Rede ist, den habe ich noch nicht erlebt.
Viele werden auf Sie schauen. Keine Angst vor einer Blamage?
Was ich an Trainingsvorbereitung habe, da müßte ich es eigentlich schaffen. Ausdauer, Durchhaltevermögen – ist alles da.

Echter Fuffziger: Ein paar Tage vor dem Marathon feierte Joschka Fischer seinen 50. Geburtstag. Also gab man ihm auch die runde Startnummer 50.

Aber natürlich ist immer auch ein rabenschwarzer Tag drin oder ein Defekt, eine Verletzung, bei der man aufgeben müßte.
Wie schnell wollen Sie sein?
Die Zeit ist nicht wichtig. Es kommt mir darauf an, aufrecht anzukommen.
Was erhoffen Sie sich noch vom Abenteuer Marathon?
Ich will mir was beweisen – eine Woche nach meinem 50. Geburtstag.
Was beweisen?
Das ich das packe. Da ist meine Motivation nicht anders als die von Zehntausenden von Marathonfans.
Wann haben Sie das erste Mal von einem Marathon geträumt?
Das war Gründonnerstag vor einem Jahr, als ich zum erstenmal 22,5 km gelaufen bin. Da habe ich gespürt, es könnte gehen.
Hatten Sie schon Grenzerfahrungen?
Früher, beim Radfahren. Als wir in der A-Jugend die baden-württembergische Meisterschaft über 50 Kilometer gewonnen haben, da habe ich mal eine echte Grenze erlebt.
Was erhoffen Sie sich jetzt?
Bislang habe ich ja alles gemieden, was in die Spitze geht. Ich bin immer unter meinem absoluten Leistungshöhepunkt geblieben. Ich sollte in meinem Alter nichts mehr riskieren. Wenn ich merke, es geht partout nicht mehr – so what? Man muß auch aufgeben können.
Das sagen Bergsteiger auch...
... ja, man sollte wirklich nur das Äußerste riskieren, wenn es um Leben oder Tod geht.
Aufzugeben – entspricht das Ihrem Naturell?
Jemand, der Niederlagen-Erfahrungen nicht verarbeiten kann, wird scheitern. Niederlagen sind fast wichtiger als Siege.
Welche Niederlage hat Sie besonders vorangebracht?
Nicht eine bestimmte, ich habe schon oft verloren. Es kommt darauf an, immer wieder aufzustehen und neu anzufangen. Deswegen ist George Foreman, der Boxer, mein großes Vorbild. Das Bild, wie er Michael Moorer den entscheidenden Schlag auf die Nase hämmert, hängt in meinem Appartement. Fand ich großartig, daß ein 48jähriger einen 27jährigen ausknockt.
Durch Laufen zurück auf die Straße – für Sie Straßenkampf eines Fünfzigjährigen?
Eine interessante Frage – so hab ich das noch gar nicht gesehen. Nein, für mich war Laufen immer zu langweilig.
Fußball, Handball – das war für mich interessant, aber nie das reine Laufen. Das liegt auch an meinen kurzen Extremitäten. Langstrecke war mir einfach zu dröge, mental hatte ich da keinen Zugang.
Warum haben Sie dann mit Laufen angefangen?
Weil ich abnehmen wollte. Ich wollte die Kerze von zwei Ende anzünden: Kalorienzufuhr reduzieren, weniger und anders essen, und zweitens die Energienachfrage nach oben treiben – also Sport. Da schien mir Laufen die technisch einfachste Sportart.
Sie steckten damals in einer ziemlichen Lebenskrise. Wann kam Ihr Entschluß?
Da war in der logischen Sekunde, als ich wußte, daß meine Frau mich verläßt. Ich wußte: Jetzt muß und jetzt werde ich alles anders machen.
Hat Sie auch das Herzinfarktrisiko bewegt?
Sicher, ich hatte richtig Schiß. Ein Freund hatte sechs Bypässe

Gut behütet: Der prominente Teilnehmer Joschka Fischer wird unterwegs von schnellen Bodyguards begleitet. Für das optimale Tempo ist Herbert Steffny verantwortlich.

bekommen, auch ich hatte Herzstiche, wobei aber keine akute Gefährdung vorlag. Allerdings: 109 Kilo bei meiner Größe (1,81 m), das ist nicht mehr feierlich.

Wie mühsam war der Weg?

Ich fing im September '96 an, da hab ich mir Turnschuhe gekauft und hab mich ums Bundeshaus geschleppt. Ende November schaffte ich vier Kilometer – es ging gut voran.

Hatten Sie Berater?

Nichts. Ich hatte von Tuten und Blasen keine Ahnung. Ich bin immer Eigenbrötler, ich höre nur auf mich und meinen Körper.

Was sagte Ihr Körper?

Der Körper hatte Sehnsucht nach anderer Nahrung und nach einem anderen Lebensstil. Wenn du bei altem Lebensstil abnehmen willst, ist das das Härteste, was es gibt – ein nicht abreißendes Martyrium. Wenn du wirklich abnehmen willst, mußt du dein Leben ändern. Du mußt dem Sport eine ganze andere Bedeutung beimessen.

Wann machte Ihnen Laufen erstmals Spaß?

Als die Feel-Good-Phase einsetzte. Plötzlich entdeckst du: Huch, du kannst das Betäubungsmittelgesetz durch körpereigene Drogenausschüttung umgehen. Das war 'ne ganze Zeit lang aufregend.

Haben Sie regelmäßig Bekanntschaft mit der Wohlfühldroge Endorphin gemacht?

Oh, doch. Immer ab Kilometer acht. Da trat dann auch dieser Tunneleffekt auf, du läufst rein, siehst und hörst nichts mehr. Heute ist für mich das Schönste, wenn ich mich im Lauf in die Meditation bewege.

Seit wann begleiten Sie diese beflügelnden Gefühle?

Das hat bestimmt ein halbes Jahr gedauert. Am Anfang war nur heftiges Keuchen. Ich hab auch den Anfängerfehler gemacht, bin viel zu schnell gelaufen, manchmal Rennen gegen imaginäre Gegner. Aber allmählich nimmt die Fitneß zu und das Körpergewicht ab.

Eine Ausnahme, daß sich ein Politiker für Fitneß Zeit nimmt…

Es gibt immer Zeitfenster. Es wird hier in Bonn soviel Terminmüll produziert, der unnötig ist. Man kann ihn mitmachen oder nicht, ohne daß man an politischer Wirksamkeit verliert.

Sie hatten ja mal einen fetten Bauch, wie Kanzler Kohl…

… den müssen Sie mal aus der Nähe sehen. Aus dessen Hose hätten Sie damals für mich noch zwei Anzüge hingekriegt – heute fünf.

Helmut Kohl müht sich ja auch jedes Jahr zu Ostern vergeblich mit einer Fastenkur. Hat er Sie mal gefragt, wie Sie abgekocht haben?

Ich glaube, in seinem Alter muß er sich nicht mehr ändern. Er ißt gern Sachen, die dick machen, das gibt er offen zu. Übrigens finde ich Leute, die gerne essen, eher sympathisch. Ich kritisiere den Kanzler politisch, aber nicht seine Statur.

Der Bauch als Zeichen für Lebenslust – sind die Zeiten nicht vorbei?

Man muß wissen, Körperfülle konnten sich früher nur die Reichen leisten. Der arme Mann war auch nicht fit. Die Fitneßwelle ist Ausdruck eines privilegierten, aristokratischen Lebensstils, Signum der reichen, westlichen Gesellschaft. Wir müssen nicht

Marathon-Debütant: Joschka Fischer beim hanse-Marathon '98 in Hamburg. Immer an seiner Seite der erfahrene Marathonläufer Herbert Steffny, der ihn auch als „personal trainer" aufbaute.

mehr ums nackte Überleben kämpfen. Uns geht's einfach saugut, auch bei all den Problemen wie Arbeitslosigkeit und zunehmender echter Armut sitzen die Deutschen auf der Sonnenseite dieser Erde. Und daraus erwachsen Probleme. Heute sind Übergewicht und Bewegungsarmut eines der ganz großen gesellschaftlichen Probleme.

Muß der Anstoß zum Umdenken nicht auch aus Bonn kommen?

Grau ist alle Theorie – und das ist Theorie. Bewegungsarmut ist ein prinzipielles Zivilisationsproblem. Wir sind durch die Evolution noch mit dem Apparat steinzeitlicher Jäger ausgestattet, wir befinden uns im Zustand permanenter Unterforderung, falscher Belastung und jetzt auch noch Karrierestreß. Ab einem bestimmten Lebensalter, Mitte 30, beginnen die Probleme.

Wo sehen Sie den Ansatz zur Veränderung?

Unsere Programmdiskette muß geändert werden. Der Fehler der meisten Menschen, die abnehmen wollen: Sie setzen bei den Folgen an, sie sagen: Ich möchte dünner werden. Sie müßten aber bei der Ursache ansetzen: Ich lebe falsch.

Ließe sich Gesundheitsbewußtsein über den Geldbeutel regulieren?

Ich meine, es gibt ein Recht darauf, mit seinem Körper Schindluder zu treiben. Sonst sind wir ganz schnell beim Terror der Gesundheit – und das wäre das Gegenteil von dem, was erstrebenswert ist. Es gibt unterschiedliche Lebensstile. Manche Dicke leben hervorragend und werden steinalt. Und manche Gesundheitsfreaks haut es plötzlich um. Die Kernfrage ist, wie gut man sich fühlt.

Wie haben Sie sich als Dicker gefühlt?

Beschissen. Und ähnliche Erfahrungen machen Tausende und Millionen in meinem Alter – sie leiden. Dieses Leiden kann man als Ansatzpunkt nehmen. Nur: Die meisten trauen sich zuwenig zu, sie wissen wahrscheinlich nicht, wie stark sie sind. Aber das, was ich gemacht habe, könnte jeder.

Sehen Sie sich jetzt als eine Art Vorbild?

Es würde mich freuen, wenn es andere dazu bringt, daß sie es auch packen. Es ist einfacher, als ich geglaubt habe. Vor eineinhalb Jahren hatte ich keine Ahnung, was im Körper eines Fünfzigjahrigen noch drin steckt. Nichts ist vorbei. Und beim Laufen erlebe ich, daß noch ältere weitaus besser drauf sind.

Was erleben Sie heute beim Laufen?

Ich gehe meinen Gedanken und Gefühlen nach. Ich liebe die Kommunikation zwischen Körper und Umgebungsnatur, wenn zum Beispiel der steife, kalte Gegenwind und die innere Hitze aufeinanderprallen. Es gibt furchtbare Tage beim Laufen, jeder Schritt quält. Und dann gibt es wieder Phasen, besonders während langer Läufe, da bist du richtig schön weg. Ich kann beim Laufen sehr gut denken, im Kopf schreiben, Reden schreiben.

Keine Angst, daß die guten Gedanken unterwegs wieder weglaufen?

Nein, nein, reine Konzentrationsfrage. Manches verliert sich, aber das war dann auch nicht wichtig. Zum Beispiel die Kasseler Rede vor dem Parteitag...

... bei der Sie Standing ovations ernteten...

... die ist beim Laufen entstanden, in Frankfurt an der Nidda. Da lief ich eine Stunde durch die Dunkelheit.

Laufen als Druckventil?

Schwierige Situationen beflügeln mich.

Ich konnte auch schon früher mit Druck gut umgehen, ich bin Spezialist für mißlungene Hinrichtungen. Aber keine Frage, meine Präsenz erklärt sich auch durch die Veränderungen meines Lebensstils.

Wodurch hat sich Ihr Lebensgefühl noch verändert?

Ich trinke keinen Alkohol mehr. Das heißt aber nicht, daß ich mich früher jeden Abend zugesoffen hätte. Und gravierend ist natürlich der 35-Kilo-Gewichtsunterschied. Sie müssen mal 35 Kilo Eisen in die Hand nehmen, um zu sehen, was der Körper da an zusätzlicher Last mitzuschleppen hatte.

Fühlen Sie sich jetzt noch belastbarer?

Belastbar war ich immer, aber der Preis war hoch. Ich hatte mir einen Panzer angefressen, war wie ein Buddha aus Hefe und wurde immer breiter. Heute bin ich sicher belastbarer – aber auch schneller unglücklich.

Wieso?

Weil mir vieles viel schneller auf den Keks geht.

Sie sind im wahren Sinne dünnhäutiger geworden?

Ja, mein Panzer ist weg. Wenn mich was nervt, nervt es mich viel unmittelbarer.

Manche sagen, Sie sehen jetzt verhärmt aus.

Manche wünschen sich den Mops zurück. Nee, ich fühle mich jetzt pudelwohl.

Experten sagen, eine Nebenwirkung beim Laufen ist mehr sexueller Appetit...

... das kann ich bestätigen. Generell wird die hormonelle Produktion durchs Laufen eher angeregt. Laufen erschöpft nicht, Laufen erfrischt. Nach einem Sitzungsmarathon, wenn ich mich

Gut gelaufen: Strahlemann Joschka Fischer im Ziel. Fast wie ein Uhrwerk erreichte er ziemlich genau die Zeit, die ihm sein Coach Herbert Steffny vorgegeben hatte.

ganz kotzig fühle, brauche ich heute einen Lauf, auch spätabends. Wie gestern, da bin ich noch nachts um halb elf los.

Warum diese Roßkur, mit der Sie Ihr Leben umgestellt haben?

Ich bin kein Meister der Grautöne. Wenn die Richtung gewechselt wurde, geht's mit Volldampf in die andere Richtung. Ich habe mein Suchtverhalten körperkompatibel verändert. Vorher die zügellose Fresserei und Saufen, heute Laufen und Körperbewußtsein.

Das Ende der Hobbykoch-Karriere von Joschka Fischer?

Überhaupt nicht. Seit ich nicht mehr für die eigene Gier koche, bin ich handwerklich sogar besser geworden. Aber ich esse jetzt nur noch bestimmte Sachen, weitgehend vegetarisch, viel Obst und Gemüse, Fisch, aber kein Fleisch.

Was hätte wohl Ihr Vater dazu gesagt, der war Metzger?

Ich hätte ihn nicht gefragt. Stimmt, schon fünf oder sechs Generationen zurück waren die Fischers Metzger.

Wird Ihr asketischer Lebensstil nur ein Intermezzo sein?

Vielleicht. Ich häute mich alle zehn Jahre. Mit 60 kommt dann wieder ein Change.

Dann wird der Genußmensch Fischer auch wieder Wein trinken?

Könnte ich heute auch, will ich aber einfach nicht. Rotwein ist was Phantastisches, nicht zum Saufen, zum Trinken. Auch wenn die Bordeauxpreise nur noch von Irren bezahlt werden – Rotwein ist eines der wunderbarsten Kulturprodukte, das ich kenne. Zum Glück werden die Flaschen in meinem Keller nicht schlechter, sondern besser.

Sie haben sogar laufend Wahlkampf gemacht. Stieß das überall auf Verständnis?

Das ist mir wurscht. Ich werde für den Wahlkampf mein Training nicht unterbrechen, weil ich das brauche, weil ich mich dann wohlfühle, weil ich mich da fit fühle, Kraft habe. Überraschend, wie viele Grüne auch laufen oder radfahren, alle können mitkommen.

Dann geht aber der meditative Charakter des Laufens flöten.

Man muß ja nicht immerzu quatschen. Wenn's zuviel wird, muß man nur mal das Tempo verschärfen, dann herrscht Ruhe im Feld.

Politik vergleichen Sie auch mit einem sportlichen Abenteuer?

Wenn Sie in einer Demokratie um die Macht kämpfen, wenn Sie ins Kanzleramt wollen, dann ist das, als würden Sie einen Achttausender besteigen. Über 8000 Meter beginnt die Todeszone. Eine Landeswahl zu gewinnen, das ist wie ein Siebentausender. Das geht nicht im Sonntagsanzug, das ist eine gefährliche Grenzüberschreitung.

Haben Sie vorhin nicht erwähnt, daß Sie inzwischen auch ein exzellenter Bergläufer sind...

... exzellent nicht, ein guter – es macht mir Spaß.

Für wieviel Höhenmeter fühlen Sie sich tauglich?

In der Politik? Ich will nicht Bundeskanzler werden, davon bin ich weit entfernt. Ich möchte, daß es jemand anders wird. Und ich bin sein Sherpa.

Aber da müssen Sie auch in die Todeszone...

...ich steh daneben und muß die Lasten schleppen. Ich stürze allerdings auch mit ab, wenn's schief geht.

Josef (Joschka) Fischer, 1948 geboren, ist Mitglied des Deutschen Bundestages für Bündnis 90/Die Grünen und seit Oktober 1998 Außenminister und Vizekanzler des Bundesrepublik Deutschland.

Am 24. April 1998 lief er seinen ersten Marathon.

Das Interview mit Joschka Fischer führte Ulrich Pramann wenige Monate vor dem Start.

Die Legende von Marathon

Hier, kurz hinter Pallini, bei diesem giftigen Anstieg, es war bei Kilometer 26, mußte damals auch Albin Lermusiaux sein schleppendes Ende erleben, sein Martyrium, sein Scheitern.

Und wie war wohl jenem legendären Läufer Pheidippides zumute, der, wenn überhaupt, bloß mit schäbigen Riemensandalen an den Füßen, über Steine, Buckel, Schründe spurtete und sich sputete – um den Athenern eine Siegesbotschaft zu überbringen. Hatte doch das Heer des Miltiades in einer Schlacht bei Marathon die Perser besiegt, allerdings nicht vernichtet. Auf dem Seeweg wollten die Perser jetzt das ungeschützte Athen erreichen. Pheidippides erreichte Athen schneller, verkündete die Siegesnachricht – und brach tot zusammen.

Während ich mühsam vorantrottete, schon mit ziemlich schweren Beinen und trockenem Hals, lief in mir immer wieder ein Film ab. Nein, es waren sogar zwei Filme.

Der erste trug sich im Jahre 490 vor unserer Zeitrechnung zu. Und der zweite spielte sich 1896 ab.

Aber jetzt knallte erbarmungslos die Oktobersonne vom griechischen Himmel. Kaum einmal der Schatten eines Olivenbaumes, kein Pinienwald, wie noch vor ein paar Kilometern. Statt dessen ständige Steigung. Längst führte die Straße landeinwärts. Keine Brise mehr vom Meer, wie anfangs. Einschüchternd baute sich das mächtige Massiv eines Bergrückens namens Hymettos auf.

Irgendwo hinter dem Sockel, noch 15 Kilometer entfernt, lag Athen – das Ende der Strapaze. Das Ziel.

Das Ziel war auch für mich in diesem Moment unendlich weit. Ich kämpfte gegen die Krise, gegen den Wunsch, aufzugeben. Mein Wille schien wie weggelaufen.

Aufgeben? Na gut, und dann? Wie würde ich denn hier wegkommen? Und wie würde ich dann dastehen? Und außerdem: Dies war ja nicht irgendeine beliebige Situation, dies war ein besonderer Augenblick. Ich lief hier schließlich nicht irgendeinen Marathon, sondern den *International Athens Peace Marathon* – auf den Spuren der Legende von Marathon.

Hier entstand der Mythos Marathon.

Ohne diesen Mythos, der in Wirklichkeit vor allem ein modernes, olympisches Märchen ist, wäre der phänomenale Aufstieg des Marathons zu einem Spektakel, das Millionen Menschen fasziniert und im wahren Sinne des Wortes bewegt, nicht möglich gewesen.

Der Marathon-Klassiker: Hellas ist das Ursprungsland der Olympischen Spiele. Athen war 1896 Schauplatz der ersten Spiele der Neuzeit und des ersten Marathonlaufes. Gut hundert Jahre später, bei der Leichtathletik-Weltmeisterschaft 1997 in Athen, wurden die Marathon-Wettbewerbe für Frauen und Männer als sportliche Höhepunkte inszeniert und gefeiert.

Der Sieg des Spiridon Louis

Hier, kurz hinter Pallini, war es für mich ein Leichtes, die schwere Krise des Läufers Albin Lermusiaux, einem der olympischen Teilnehmer im Jahre 1896, nachzuvollziehen. Mir ging es genauso.

Noch bei Pikermi, dem Weindorf bei Kilometer 22, wirkte der Franzose fulminant frisch. Er trug weiße Handschuhe. „Immerhin laufe ich vor dem König", begründete Lermusiaux seinen feinen Habitus. Seine hartnäckigsten Konkurrenten, den für Australien startenden Oxford-Studenten Edwin Flack und den Amerikaner Arthur Blake, hatte er schon weit abgehängt. Der Rest des Feldes kleckerte noch weiter hinterher. Doch bei Kilometer 32 brach Lermusiaux zusammen.

Es war ein dünnes Feld. Damals, am 10. April 1896, mittags um zwei Uhr, gingen nur 17 Läufer ins Rennen: 13 Griechen und vier Ausländer, dies waren die ersten drei der zweitlängsten Strecke dieser Spiele, des 1500-Meter-Laufes, also der Australier Flack, der Amerikaner Blake, der Franzose Lermusiaux, dazu der Ungar Kellner. Wagemutige. Dieser Lauf, soviel stand schon vor dem Start fest, würde eine sportliche Großtat sein, Mittelpunkt und Höhepunkt des olympischen Programms.

Im marmornen Stadion von Athen warteten über 50 000 Zuschauer auf die Ankunft des Ersten. Ständig informierten Boten über den Stand des Rennens. Alle Hoffnungen der Zuschauer ruhten darauf, einen Griechen als Sieger feiern zu können.

Dimitrios Deligiannis zum Beispiel, der vier Tage zuvor eine Weltbestzeit (3:03:05) aufgestellt hatte. Oder Vasilakos. Oder Vrettos. Oder Papasymeon. Oder vielleicht Spiridon Louis, 24 Jahre, Soldat von Beruf und nicht Schafshirte, wie es heute in den Chroniken heißt.

Athanasios Louis, der Vater des Marathonläufers, führte ein kleines Fuhrgeschäft – er versorgte Athener Familien mit Wasser. Sohn Spiridon mußte dabei helfen. Einem Kunden namens Papadiamantopoulos, einem Major, gefielen Zuverlässigkeit und Schnelligkeit des jungen Mannes, dem zudem der Wehrdienst bevorstand. Kurzentschlossen machte der Offizier Spiridon Louis zu seiner Ordonnanz.

Später wurde Papadiamantopoulos vom Vorbereitungsausschuß für die Olympischen Spiele mit der Ausrichtung des Marathonlaufs beauftragt. Der Name seiner schnellen Ordonnanz tauchte erstmals auf der Teilnehmerliste für den zweiten Ausscheidungslauf auf – fünf Tage vor Olympia. Spiridon Louis kam als 17. von 38 Bewerbern ins Ziel, wurde aber dennoch für den olympischen Marathonlauf nominiert.

Noch bei Pikermi, bei Kilometer 22, fiel er im Feld nicht auf. Das heißt: doch. Er hatte einen sonderbaren Wunsch. „Als Louis aus Amarussi bei dem Wirtshaus in Pikermi vorbeikommt, fordert und trinkt er ein Glas Wein, erkundigt sich nach den vordersten Läufern und versichert mit Bestimmtheit, daß er sie erreichen und überholen werde." So steht es später im offiziellen Bericht des olympischen Marathonlaufs.

10. April 1896: ein nationaler Feiertag. Denn der griechische Marathonläufer Spiridon Louis läuft als erster ins Panathenäische Stadion von Athen ein. Fast 70 000 Zuschauer bejubeln den Olympiasieger. Dieser große Moment wurden durch den Künstler Forestier in einem zeitgenössischen Aquarell festgehalten.

Wirklich, auf den Steigungen, die Athen vorgelagert sind, machte Louis seine Prophezeihung wahr. Einen nach dem anderen erreichte er, lief leichtfüßig vorbei. Blake, der Amerikaner, hatte nur Ausdauer für 23 Kilometer, gab dann auf. Edwin Flack, den für Australien startenden Oxford-Studenten, der bereits die 800- und 1500-Meter-Läufe gewonnen hatte, fing er bei Kilometer 37 ab. Viele Jahre später versuchte Spiridon, der asketische Kerl mit dem buschigen Schnurrbart, zu erläutern, was passierte: „Ich konnte mir nicht erklären, was in mir geschah, von jetzt an spürte ich nichts mehr, weder Hitze noch Schweiß, noch Müdigkeit, es war so etwas wie ein Wunder..."

Dieses Wunder lief jetzt also auch in mir ab – der Film von damals. Hier, hinter Pallini, in Jerakas, einer Gemeinde, die heute zum Schmelztiegel Athen gehört, müssen die Schritte des Spiridon Louis auf wunderbare, wundersame Weise mühelos geworden sein.

Der führende Flack brach bei Kilometer 38 bewußtlos zusammen, nachdem ihn Spiridon erreicht, überholt und mühelos abgeschüttelt hatte.

Louis lief rhythmisch, mechanisch, vermutlich in Trance. Er erlebte die Begeisterung der Menschen an der Strecke. Er sah Papadiamantopoulos, den Rennleiter, auf seinem Pferd zum Stadion stieben, er hörte an der Rizarois-Schule Böllerschüsse – das vereinbarte Signal, daß ein Grieche in Führung gegangen war.

„Es war wie eine durch das Stadion laufende gewaltige Flutwelle, die diese Botschaft auslöste. Alles erhebt sich und blickt nach dem Eingang. Draußen tönt das Jauchzen und Jubeln des Volkes, Tücher und Fahnen werden geschwenkt, die Aufregung ist nicht zu schildern." Alfred Schiff erlebte die Entscheidung damals als Berichterstatter mit.

„Da läuft mit Schweiß und Staub bedeckt ein Mann durch das Eingangstor und we ter auf der Stadionlaufbahn dem an der

Der ganze Stolz seines Landes: Spiridon Louis, der erste Marathon-Olympiasieger, präsentiert sich in der traditionellen griechischen Fustanella einem Fotografen. Der einfache Soldat bekam zum Dank eine lebenslange Rente. Er starb 1940.

Rundung gelegenen Sitz des Königs zu, wo das Ziel ist. Kronprinz Konstantin, der Protektor der Spiele, und Prinz Georg, der oberste Kampfrichter, die am Stadioneingang gewartet hatten, laufen zu beiden Seiten, rechts und links von Louis, neben ihm her. Die Schiedsrichter folgen ebenfalls laufend. Der König erhebt sich und schwenkt seine Mütze. Die Begeisterung erreicht ihren höchsten Grad. Man sieht Männer und Frauen in Tränen, Unbekannte küssen sich, die Luft bebt von Jubelrufen.

Niemand kann sich der Wucht dieser Minuten entziehen. Denn es ist nicht die große sportliche Leistung, die diesem Sieg die Weihe gibt (Louis hatte 2 Stunden, 58 Minuten und 50 Sekunden gebraucht), sondern die Idee der Verknüpfung mit einer ruhmvollen Vergangenheit und einer der größten Taten der Weltgeschichte."

Eine folgenreiche Schlacht

490 vor Christi. Die Perser hatten Euböa besetzt, um von dort mit ihrer Flotte zur Bucht von Marathon überzusetzen. Von hier wollten sie nach Athen vorstoßen. Ziel des persischen Großkönigs Darius: Er wollte „Athen und Eretria verknechten und die Einwohner als Sklaven vorführen" (Herodot, VI, 94).

Die Athener wiederum wollten die Perser möglichst weit vor ihrer Stadt abfangen und hatten ihre Streitmacht um die Bucht von Marathon verlegt. Sie waren allerdings nur 10 000 Mann stark. Die Perser rückten mit einer zehnfachen Übermacht an.

Die Athener hatten einen Herold nach Sparta geschickt, um Verstärkung zu erbitten. Dieser Schnelläufer soll die Strecke, gut 200 Kilometer, in zwei Tagen geschafft haben. Sein Name war Pheidippides. Die ungewöhnliche Leistung des Läufers wurde ebenfalls vom griechischen Geschichtsschreiber Herodot (484 – 425 v. Chr.) überliefert.

Die Spartaner waren zur Hilfe bereit, mußten aber noch das göttliche Fest des Apollon abwarten. Eine aussichtslose Situation. Doch Athens Oberbefehlshaber Miltiades, im Angesicht eines Feindes, der vielfach stärker schien, verschanzte sich nicht. Er beendete überraschend die unerträgliche Spannung. Just, als die Perser ihre Zelte abbrechen wollten, gab er seinen Soldaten, schwerbewaffneten Fußtruppen, den Befehl zum Angriff.

Miltiades ahnte wohl die Kriegstaktik der Perser. Er verstärkte die Flügel seiner Schlachtreihen, während er das Zentrum – vermutliches Ziel der persischen Bogenschützen – nur dünn besetzen ließ.

Historische Vorläufer: Dieses antike Innenbild einer rotfigurigen Schale („Läufer mit Siegerbinden") wird dem Maler Oltos (um 520 v. Chr.) zugeschrieben. Der Stadionlauf stand schon 776 v. Chr., bei den ersten bekannten Olympischen Spielen, auf dem Programm.

Diese List verhalf zum Sieg. Die Perser drangen tatsächlich durch die Mitte, wurden dann aber von den Athenern umzingelt und von hinten angegriffen – und mit fürchterlichem Gebrüll und den Disharmonien der Hirtenflöten in Panik versetzt. Das große persische Heer flüchtete vor der kleinen Streitmacht der Athener. Herodot meldet, wie die „Schlacht bei Marathon" endete: Die Perser mußten 6400 Tote zurücklassen; die Athener beklagten 192 Gefallene.

Die Wiege des Marathons

Noch heute mahnt ihr Hügelgrab. Es ist ein Nationaldenkmal geworden. Keine Erinnerungstafel, nur ein schichter Haufen Erde, neun Meter hoch, 180 Meter Umfang. Archäologen fanden Skelette, die tatsächlich 2500 Jahre alt waren.

Wir hatten den Hügel des historischen Massengrabes bei Tymos, knapp fünf Kilometer nach dem Start in Marathon, schweigend umrundet.

Marathon, dieses verödete Dorf, ist eine ziemliche Enttäuschung. Von wegen klassische Kulisse. Nichts, aber auch gar nichts deutete auf die geschichtsgeschwängerte Vergangenheit hin. Im Gegenteil. Es war ernüchternd. Allerwärts bloß Bausünden, Zivilisationsschrott, Billboards, überdimensioniert. Und in den Tavernen nervte viel zu laute Musik.

In der Ebene von Marathon leben 4800 Einwohner, davon 986 Schulkinder, und rund 10 000 Vierbeiner: Schafe, Ziegen, natürlich Hunde und Katzen – und Rennpferde, die hier gezüchtet werden. Die Gegend ist fruchtbar. Sogar Gastarbeiter aus Indien und Ägypten finden ihr Auskommen. 80 Prozent des griechischen Blumenexports wachsen bei Marathon. Ein bißchen Fischerei, Tourismus. Größtes Problem, sagt der Bürgermeister, sei die Landflucht.

Wir waren ein buntes Läuferfeld, genau 1254 Starter, vor allem aus Skandinavien, Amerika, Italien, den Niederlanden und Deutschland angereist. Für die Einheimischen ist dieser Marathon kein besonderes Ereignis. Sie ignorieren die Veranstaltung. Nein, Marathon, die Wiege des Marathons, glänzt leider nicht als historischer Schauplatz.

Ein historischer Irrtum

Das Heer des cleveren Miltiades hatte also die Perser geschlagen, aber nicht vernichtet. Nur sieben Schiffe der persischen Flotte waren zerstört. Die Reststreitmacht segelte nun um das

Nackte Athleten: Diese Wettlaufszene (um 475 v. Chr.) auf einer panathenäischen Preisamphora wird dem Maler Nola zugeschrieben. Das schöne antike Stück, 62 Zentimeter hoch, steht heute in den Staatlichen Museen zu Berlin.

Kap Sunion Richtung Athen. Daher eilten auch die Athener, „so schnell die Füße tragen wollten, zu ihrer Stadt und langten wirklich eher an als die Barbaren", berichtet Herodot.

Und was ist mit jenem legendären Läufer namens Pheidippides, der in voller Rüstung vorausgerannt, den Sieg verkündet und dann tot zusammengebrochen war?

Kein Wort bei Herodot.

Der gewissenhafte Chronist, der sechs Jahre nach der Schlacht bei Marathon geboren wurde und die Geschichte der Perserkriege kurz vor seinem Tod aufschrieb, hätte dieses spektakuläre, rührselige Detail wohl kaum ausgelassen – wenn es denn so gewesen wäre.

Die Heldentat des Ur-Marathonläufers ist das Phantasieprodukt von Lukian (120–180 n. Chr.), einem syrischen Geschichtsschreiber, der im Alter die Kanzlei des römischen Statthalters in Ägypten leitete – 600 Jahre nach dem Ereignis von Marathon.

„Wenn das Organisationskomitee der Olympiade in Athen geneigt wäre, in das Wettkampfprogramm den Lauf aufzunehmen, der die ruhmreiche Tat des Soldaten von Marathon wiederbelebt, würde ich gern den Preis (einen Silberkelch) stiften."

Michel Bréal, Altertumsforscher und Förderer des ersten olympischen Marathonlaufs 1896

Eines Morgens unterlief Lukian ein Fauxpas. Seinen Herrn grüßte er nicht mit „Guten Morgen" („salve"), sondern mit der Abschiedsformel („vale"). Offenbar war das keine Lappalie. Denn der Schreiber sah sich genötigt, sogar ein Traktat *Über die Entgleisung bei Anreden* aufzusetzen. Und in dieser *Verteidigungsschrift für einen Fehler beim Grüßen* dreht und windet er sich, um den Statthalter zu versöhnen. Geschickt argumentiert Lukian damit, daß Willkommens- und Abschiedsgruß viel freier, ja oft sogar völlig verkehrt verwandt wurden.

Der Ostberliner Journalist Volker Kluge folgert: „Es ist zwar nicht bekannt, ob das für eine Verzeihung ausreichte, Tatsache aber ist, daß jenes Pamphlet die einzige Quelle für jenen tragischen Helden ist, ohne den der Marathonlauf eben nicht der wäre, der er nun mal ist."

Lukian jedenfalls schrieb: „Als erster aber, sagt man, habe der Tagesläufer Pheidippides, als er den Sieg von Marathon meldete, vor der Versammlung der um den Ausgang der Schlacht besorgten Archonten (der höchsten Athener Staatsbeamten) die Grußformel bei seinem Ausruf ‚Freut euch, wir haben gesiegt!' in jenem Sinne verwandt und zugleich mit dem Gruß sein Leben ausgehaucht."

Diese schwer verständliche Entschuldigung ist also Grundlage für jene Geschichte, die Geschichte wurde – und die ist nicht mehr als ein historischer Irrtum.

Der ehrgeizige Plan des Baron de Coubertin

„Freut euch, wir haben gesiegt!" Die Größe eines Läufers und seine Leistung, seine Vaterlandsliebe und sein schneller Tod – das war der Stoff, der jahrhundertelang die Phantasie von Menschen beflügelte.

Ehrenzeichen, hundert Jahre danach: der olympische Gründervater Baron Pierre de Coubertin (1863–1937) als Briefmarken-Held.

Athen 1896: der 23jährige Grieche Spiridon Louis, Gewinner des I. olympischen Marathonlaufes, mit Landsleuten nach der offiziellen Siegerehrung.

Starke Olympia-Recken: Mitglieder der ungarischen Mannschaft 1896 (stehend v.l.): Marathon-Bronzemedaillengewinner Gyula Kellner, Kakas (Turner), Alajos Szokolyi (Sprinter), Nandor Dani (800-m-Läufer), Alfred Hajos (Schwimmer) und der Turner Manno.

Auch die eines Philosophieprofessors aus Paris: Michel Bréal (1832–1915), der übrigens im bayerischen Landau an der Isar geboren wurde. Als der Philosoph, Mitglied der Akademie der Inschriften und Direktor der hohen Studien im Kultusministerium, Verfasser bemerkenswerter Arbeiten über vergleichende Mythologie und Sprachforschung, vor jenem Grab stand, das der deutsche Archäologe Heinrich Schliemann 1884 entdeckt und das 1890 freigelegt wurde und nun an die Schlacht von Marathon erinnert, als Michel Bréal von der Legende des Marathonläufers Pheidippides hörte, da reifte in ihm die Idee, den Marathonlauf neu zu beleben. Und er konnte einen einflußreichen Mann, seinen Freund Baron Pierre de Coubertin, für seine Idee begeistern.

Der Baron verfolgte gerade einen ehrgeizigen Plan: Er wollte eine olympische Bewegung etablieren. Gerne griff er den nach dramatischer Historie und historischem Drama klingenden Vorschlag auf. Im IOC-Bulletin Nr. 3 (vom Januar 1895) tauchte das Zauberwort Marathon im vorläufigen Programm der Spiele erstmals auf, als „Fußlauf, genannt Marathon, über eine Entfernung von 48 Kilometern, von Marathon nach Athen“. Bei genauerer Schätzung kam man später nur noch auf „40 kilomètres“.

So also kam der Marathonlauf ins olympische Programm.

Allerdings: Die Strecke von 1896 ist nicht identisch mit jener, die der historische Läufer absolviert haben soll. Der lief ins Gebirge hinein, bis zum Dionysos-Heiligtum, und von da steil abwärts zu Athens Vororten Ekali, Efissia und Marussi. Die Olympioniken wählten einen Kurs, der näher am Meer lag, zwischen dem Pentelikongebirge und den Hymetosbergen.

Und am 10. April 1896 ließen sich 17 Athleten auf Pferdewagen zum Start transportieren. Von Athen über holprige Straßen hin zum Dorf Marathon.

Ein Held aus dem Nichts

Der klassische Marathon von Marathon nach Athen gilt auch heute noch als eine der schwersten Strecken der Welt. Wegen der Hügel. Wegen der Hitze. Und wegen des Smogs in der griechischen Metropole. Viele nennen Athen die häßlichste Millionenstadt der Welt. Zu Recht.

Damals, als Spiridon Louis Athen erreichte, war das Umweltproblem Smog noch unbekannt. Heute aber plagt verpestete Luft, der Gestank des Verkehrs. Wie alle der 1254 Läufer litt ich besonders auf den letzten Kilometern.

Die Organisatoren sehen eine Spur auf der Straße, die sie mit Plastikhütchen eingrenzen, für die Läufer vor. Links und rechts tobt fünfspurig Verkehr in seiner fiesesten Form: Stop and go. Nur schrittweise bewegen sich die automobilen Stinker.

Mit schweren Schritten lief ich in den zementierten Kessel Athen ein, passierte das Verteidungsministerium, einen Tunnel, das Krankenhaus des Hippokrat. Über der Stadt eine Hitzeglocke. Ein wenig, wirklich nur ein wenig, wurden meine müden Bemühungen angespornt, als sich in der knallprallen Mittagssonne die Akropolis für Momente durch den Betondschungel der Stadt blicken ließ.

Ich versuchte, Spiridon Louis in meinen Gedanken zu folgen. Seine letzten Kilometer. Sein Triumphgefühl.

Ob süße Schauer über seinen Rücken liefen, als Lohn für seine Strapazen?

Vom Straßenrand wurde ihm eine Flasche Metaxa gereicht – und Spiridon gönnte sich ein paar tiefe Schlucke. Angeblich soll der Sieger unterwegs auch Schafskäse gemümmelt haben. Der Zweite, Charilaos Vasilakos, erreichte das Ziel sieben Minuten später. Der Dritte, Spyros Velokas, hatte, wie später Augenzeugen aussagten, ein bißchen geschummelt: Er ließ sich zeitweise auf einem mitfahrenden Pferdefuhrwerk gen Ziel zuckeln. Er wurde disqualifiziert.

Spiridon Louis – ein Held aus dem Nichts. Er, der Ahnungslose, war es, der die Legende von Marathon fortschrieb. Königin Olga drückte ihm einen Kuß auf die Stirn und überließ dem bescheidenen Sportsmann ihre Pretiosen, die sie um den Hals hatte – und mußte ihn aufheben. Denn der Marathonläufer war vor ihr auf die Knie gesunken und hatte demütig gesagt: „Ich bin nur ein Bauernsohn, Eure Majestät!"

Große Gefühle

Heutzutage ist keine Königin im Stadion, kaum Zuschauer. Dafür eine Baumaschine, die von Renovierungsarbeiten übriggeblieben ist. Sie störte auf perfide Weise den würdevollen Rahmen des antiken Olympiastadions, das aus dem Marmor des nahen Pentelikon erbaut wurde.

Trotzdem wirkt die Monumentalität des Augenblicks. Trotzdem erlebte auch ich jenen süßen Schauer, der Triumphe körperlich fühlbar macht. Ich spürte einen Kloß im Hals, ich spürte Tränen in den Augen – nur meinen malträtierten Körper, den spürte ich nicht.

Große Gefühle. Glücksgefühle. Geschafft!

Momente lang glaubte ich sogar zu wissen, wie er sich damals im April 1896 gefühlt haben muß, Spiridon Louis, der erste Marathonsieger. Und wie ihm zumute war, dem Schnellläufer Pheidippides, der vor fast 2500 Jahren als erster die Distanz von Marathon lief und der dann tot zu Boden stürzte – ja, das alles hatte ich lebhaft vor Augen.

Auch wenn letzteres bloß Legende ist.

Der Legende auf der Spur: Autor Ulrich Pramann beim Training vor der imposanten Kulisse der Akropolis hoch über Athen. Die klassische Distanz, vom gleichnamigen Dorf Marathon ins Zentrum von Athen, gilt als schwere Strecke. Das Rennen wird jedes Jahr am vierten Sonntag im Oktober gestartet.

Der Boom

Boom

Marathon – dieses Wort hatte von Anfang an einen magischen Klang. Weil die Art dieser Ausdauerleistung mörderisch, übermenschlich, gewaltig, außerordentlich und deswegen außerordentlich reizvoll erschien. Und weil die Geschichte, die bei dem Wort Marathon mitkl ngt – egal, ob sie wahr ist oder nicht – nun mal aus jenem Stoff ist, der bei Sportlern und Sportfunktionären unwillkürlich Staunen, Interesse und Faszination auslöst.

Noch im Jahr der ersten Olympischen Spiele der Neuzeit, am 1. Juli 1896, wurde der erste Marathon außerhalb Griechenlands gestartet. Als Veranstalter trat die Pariser Zeitung *Le Petit Journal* auf. Sie lobte die für damalige Verhältnisse satte Siegprämie von 2000 Francs aus. Das lockte immerhin 191 wagemutige Athleten an, von denen viele Berufssportler waren.

Morgens um sechs Uhr der Start am Porte Maillot. Der Brite Leonard Hurst erreichte das Ziel im Pariser Vorort Conflans als Erster. Seine Zeit erstaunte: 2:31:29,8 Stunden. Allerdings war die Strecke etwas kürzer als die heute allgemeingültige Distanz, und Hurst war auch kein unbeschriebenes Blatt: Drei Jahre zuvor hatte der Laufprofi schon einen 183-Meilen-Wettbewerb (294,5 Kilometer) in knapp 30 Stunden gewonnen.

Die amerikanische Erfolgsstory

Auch in Amerika begann noch im selben Jahr die Marathon-Manie. Dafür sorgten schon jene 13 amerikanischen Olympiateilnehmer, die die ungewöhnlich fesselnde Athmosphäre in Athen hautnah miterlebt hatten. Und einer war ja den Marathon sogar mitgelaufen: Arthur Blake, Mitglied der rührigen und reichen Boston Athletic Association.

Dieser elitäre Verein (gegründet 1887) konnte sich damals schon außer Tennisplätzen, einem eigenen Swimmingpool und einer Laufbahn sogar ein neunstöckiges Clubhaus mit Türkischem Bad leisten. Und einen eigenen Trainer. Als ebendieser John Graham von den olympischen Plänen in Griechenland hörte, war er sofort Feuer und Flamme. Ja, dort sollten auch Athleten seines Clubs dabeisein. Man organisierte eine Spendenaktion. Tatsächlich kamen genug Dollars zusammen, so daß Anfang März der Sprinter Thomas Burke, ein Stabhochspringer, ein Hochspringer, ein Schwimmer, zwei Schützen und der Mittelstreckenläufer Arthur Blake aus Boston die weite Schiffsreise nach Athen antreten konnten.

Blake hatte bereits zwei Goldmedaillen (800 m, 1500 m) gewonnen, als er auch noch zum Marathonlauf antrat. Leider hatte er keinerlei Erfahrung mit langen Distanzen. Bei Kilometer 23 fiel Blake erschöpft in den Staub der Straße, mochte und konnte sich nicht mehr hochrappeln. Unter seinen Füßen hatten sich blutige Blasen gebildet.

Die Masse macht's: Marathonläufer lassen sich auf den ersten 30 Kilometern gerne vom kollektiven Gemeinschaftserlebnis beflügeln. Aber gegen Ende des Rennens läuft jeder mit seinem Jammer ganz für sich allein.

Obwohl oder gerade weil er aufgegeben mußte, spukte der Marathon ständig in seinem Kopf. Auch Trainer John Graham war von diesem knallharten Wettbewerb beeindruckt. Als die Olympiadelegation aus Boston Anfang Mai 1896 in ihre Heimatstadt zurückkehrte, stand fest: Wir sollten bei uns auch einen Marathon veranstalten.

Die meisten Mitglieder der honorigen Boston Athletic Association stimmten dem Plan begeistert zu. Über einen Termin wurde schnell Einigkeit erzielt. Der Boston Marathon sollte nächstes Jahr am Patriots' Day laufen, also an jenem Tag im April, der an die historische Schlacht von Lexington (1775) vor den Toren Bostons erinnert, eine entscheidende Etappe Amerikas auf dem Weg zur Befreiung von den britischen Kolonialisten.

Herausforderung Marathon. Das Drama im Grenzbereich menschlicher Leistungsfähigkeit, die Männer, die für ein großes Ziel über sich hinauswachsen – ja, diese Symbolkraft paßte prima zum Image des feinen Boston. Ja, fanden die Organisatoren, dieses geschichtsträchtige Ereignis Marathon wollten sie nun auch auf amerikanischem Boden etablieren.

Leider waren ein paar Männer vom New York City Knickerbocker Athletic Club schneller. Sie schrieben den ersten Marathon schon für den Herbst 1896 aus.

Die Geburt eines Klassikers

Frühmorgens am 20. September 1896 fuhren 30 Läufer mit der Eisenbahn ins vierzig Kilometer entfernte Stamford, Connecticut. Dort startete das kleine Feld, um von dort zurück nach New York zu laufen. Das Ziel: Williams Bridge, Manhattan. Der Sieger: ein 24jähriger New Yorker namens John J. McDermott. Allerdings war seine Zeit (3:25:06) enttäuschend; er brauchte rund eine halbe Stunde länger als der Olympiasieger Spiridon Louis. Ein Reporter der *New York Times* erklärte seinen Lesern: „Sein Versäumnis, einen Rekord aufzustellen, ist jedoch nicht ihm anzulasten, denn der Regen am Morgen hatte in den Straßen Schlamm angespült, und auf der Strecke zwischen Stamford und dem Oval gibt es viele halsbrecherische Berge. Ab und zu mußte McDermott sogar gehen."

Das wars zunächst in New York. Der erste Marathon der Knickerbockers von 1896 war gleichzeitig auch der letzte – bis 1970 Fred Lebow den New York City Marathon neu auf den Weg brachte und erleben durfte, wie seine Vision zum größten Marathon-Spektakel der Welt wuchs. Doch das war ein langer Weg.

Im Jahre 1896 fanden übrigens noch zwei weitere Marathonläufe statt, beide am 4. Oktober. Der eine in Budapest: Der Sieger hieß Béla Janko (3:29:00). Der andere fand in Kristiana statt, jener Stadt, die seit 1924 Oslo heißt. Der Sieger dort: Hallstein Bjerke (3:34:36). Auch diese Veranstaltungen blieben zunächst Eintagsfliegen.

Boston: The Mother of Marathons

Der Marathon von Boston findet seit 1897 regelmäßig statt, immer am dritten Sonntag im April. Nur 1918, in der Endphase des Ersten Weltkriegs, fiel das Rennen aus. Symbolisch marschierte ein Militärtrupp die Strecke ab. Der Boston Marathon ist zwar nicht der älteste Marathon der Welt, aber der traditionsreichste ist er allemal.

Zum ersten Boston Marathon meldeten 17 Läufer, darunter auch jener John J. McDermott, der ein halbes Jahr zuvor in New York gewonnen hatte. Drei Athleten kamen nicht rechtzeitig zum

Start. Ein Harvard-Student sprang daraufhin spontan ein und komplettierte das dünne Feld. Jeder der 15 Läufer durfte sich von einem Fahrrad begleiten lassen. Die Startnummern wurden ausgelost.

Es war ein sonniger Frühlingstag, als Sprinter Thomas Burke, Doppel-Olympiasieger in Athen, mit etwas Verzögerung genau um 12.19 Uhr den Start gab. Erst kratzte er mit seinem Hacken eine Linie in den Staub, dahinter versammelten sich die Läufer. Dann schrie er das Kommando: „Go!"

Das Rennen des John McDermott

Zwei Läufer, der unerfahrene Harvard-Student Dick Grant und der erfahrene Crossläufer Hamilton Gray, stürmten dem Feld voraus. Der marathonerfahrene McDermott blieb ein bißchen zurück. Ein Berichterstatter des *Boston Globe* verfaßte eine ausführliche Reportage über das Ereignis: „Die Zuschauer standen zahlreich an der Strecke und bildeten für die Athleten ein Spalier. Jeder Läufer wurde aufs herzlichste begrüßt."

Nach elf Meilen lief das Duo immer noch vorneweg, McDermott lag rund 400 Meter dahinter. Der Kurs von Boston ist schwierig wegen seines hügeligen Profils. Bei einer dieser Steigungen holte McDermott auf, schloß auf, überholte die beiden

Das ganz große Ding: Moses Tanui, 32jähriges Leichtgewicht aus Kenia, gewinnt zum zweiten Mal (nach 1996) den traditionsreichen Boston Marathon. Dafür kassiert er 80 000 Dollar Prämie. In seiner afrikanischen Heimat ist der Marathon-Champ nun ein gemachter Mann.

Das ganz kleine Feld: Am Start zum III. olympischen Marathon in St. Louis (1904) haben sich 32 Teilnehmer versammelt. Ganz links der spätere Sieger Thomas Hicks (USA) mit Startnummer 20.

St. Louis, 1904: Obwohl sich der Amerikaner Thomas Hicks bei Kilometer 23 von Helfern unter die Arme greifen läßt, bleibt ihm die Disqualifikation erspart.

Paris, 1896: das erste Marathonrennen außerhalb von Griechenland mit 191 Startern. Das Titelblatt der Zeitschrift Le Petit Journal feiert den Sieger Leonard Hurst aus England.

Stockholm, 1912: Der Sieger des V. olympischen Marathonlaufs, Kenneth McArthur aus Südafrika, wird von seinen Landsleuten aus dem Stadion getragen.

Versailles, 1923: Bei diesem Marathonrennen im Pariser Vorort ist das Starterfeld schon auf über 200 Läufer gewachsen. Die sportive Strapaze Marathon gewinnt immer mehr Zulauf.

Los Angeles, 1932: Startrunde beim IX. olympischen Marathon, bei dem 29 Teilnehmer aus 15 Nationen um den Sieg laufen. Bereits in Führung: Juan Carlos Zabala aus Argentinien, der spätere Sieger.

und hängte sie dann mühelos ab. Grants Wille war jetzt gebrochen; er verlor seinen Laufrhythmus, ging ein, ging schleppend und versuchte, wieder zu laufen. Es ging auch, aber es ging nicht mehr lange gut. Nach einer weiteren Meile gab er schließlich auf.

Gray, der andere Gejagte, ließ ebenfalls nach, hielt aber durch und wurde schließlich Vierter (3:11:37).

Der Reporter des *Boston Globe* notierte: „Nun stand nur noch McDermott im zentralen Interesse der begeisterten Zuschauer. Sein Helfer auf dem Fahrrad, ein Gefreiter namens Eddie Heinlein, mußte dafür sorgen, daß für McDermott die Straße frei blieb. Er lief wie ein Uhrwerk. Seine Beine hoben und senkten sich wie die eines griechischen Phantoms, sein geschmeidiger Körper war nur wenig nach vorne gebeugt; seine Arme pendelten an der Seite in voller Länge durch, und auch sein Gesicht drückte totale Entschlossenheit aus."

Die 20-Meilen-Marke passierte McDermott nach 2:15 Stunden. Danach ging es es auch bei ihm nicht mehr. Er mußte jetzt gehen, kam aber schnell wieder ins Laufen, wenn auch langsamer als zuvor. Nach ein paar hundert Metern stoppte er, umfaßte sein linkes Bein. Wadenkrampf. Sein Helfer Heinlein begann zu massieren. Ein anderer reichte ihm einen Brandy.

McDermott trottete wieder los, stoppte erneut, faßte sich wieder ans Bein, rief: „Rubbeln!" Wieder massierte man ihm die Beine, wieder kam er in Gang. Lief. Es waren nur noch vier Meilen bis zum Ziel.

Und noch einmal mußte er stoppen. Sein Helfer wurde nervös, wies darauf hin, daß der Konkurrent John Kiernan näher und näher kam. Da biß McDermott auf die Zähne und spurtete los.

Am Ziel wartete eine vieltausendköpfige Menschenmenge. Der *Globe* meldete: „Die Menschen standen dichtgedrängt. Die Zäune waren schwarz von Jungen, jungen Männern und Frauen. In der allgemeinen Aufregung vergaßen die Polizisten ihren Job, und die Laufbahn war plötzlich voller aufgeregter Leute, die alle nur das eine wollten: den Sieger dieses ersten Marathonrennens mit ihren Händen berühren."

McDermott schaffte es tatsächlich, er unterbot die alte Weltbestzeit von Spiridon Louis um über zwei Minuten (2:55:10). Im Ziel wirkte er sogar noch ziemlich frisch. Lächelnd klagte er: „Oh ja, meine Füße fühlen sich ziemlich müde. Mein Körper ist in Ordnung, aber die Füße. Meine Zehen sind voller Blasen, und an manchen Stellen ist die Haut ab." Vor dem Rennen hatte sich der New Yorker auf die Waage gestellt. Deshalb wissen wir, daß er im Rennen neun Pfund verloren hat.

John McDermotts Reaktion nach dem Rennen ahnen wir schon. Auch er sagte: „Das war vermutlich mein letzter Marathon."

Von wegen. Im nächsten Jahr (1898) stand er natürlich wieder am Start, lief wieder mit Bravour, lief diesmal sogar um 13 Minuten schneller – und wurde trotzdem nur Vierter.

Denn der Sieger – er hieß Ronald McDonald – absolvierte ein bemerkenswertes Rennen und steigerte die Bestzeit auf erstaunliche 2:42:00 Stunden.

Die Anfänge in Deutschland

In Deutschland standen um diese Zeit vor allem Distanzmärsche im sportlichen Vordergrund. Doch am 3. Juli 1898 konnte in Leipzig der erste „Deutsche Marathonlauf" gestartet werden. Die damalige Distanz: 40 Kilometer. Der Sieger: Arthur Techtow aus Berlin. Bis zur nächsten Veranstaltung dieser Art vergingen dann aber weitere sieben Jahre. Der zweite „Deutsche Marathonlauf" fand 1905 in Berlin statt und wurde ab dann auch bis 1924 alljährlich (ausgenommen 1909 und in den Kriegsjahren 1914 bis 1919) wiederholt. Erst seit 1925 wurde eine offizielle Deutsche Marathon-Meisterschaft ausgetragen.

Das Chaos bei den II. Olympischen Spielen 1900

Das internationale Marathon-Geschehen blieb lange Zeit eine Attraktion für eine kleine Clique von Insidern. An den deutschen Läufern lief es nahezu völlig vorbei.

Am 8. Juli 1900 fand in Paris nun schon der vierte Marathonlauf für Profis statt. Wieder gewann der Engländer Leonard Hurst. Wie ein Lauffeuer verbreitete sich noch am selben Tag folgende Meldung: In elf Tagen sollte bereits ein weiterer Marathonlauf ausgetragen werden, sogar eine Weltmeisterschaft, allerdings nur für Amateure. Das Rennen sollte Bestandteil der Pariser Weltausstellung sein, hieß es in den Zeitungen.

> **„Ich habe mein Suchtverhalten körperkompatibel verändert. Vorher die zügellose Fresserei und Saufen, heute Laufen und Körperbewußtsein."**
>
> ***Joschka Fischer***

In Wirklichkeit handelte es sich hierbei um die II. Olympischen Spiele.

Sie gingen als „Pariser Chaos der 162 Tage" in die olympische Geschichte ein. Denn vier Jahre nach den königlichen Spielen von Athen erlebte die olympische Bewegung ein Fiasko. Seine Pariser Landsleute mochten dem Olympia-Phantasten Pierre de Coubertin nicht so recht folgen. Seine hehre Idee wurde vor Ort leider organisatorisch sehr tief gehängt. Von Ende Mai bis Ende Oktober kleckerten insgesamt 97 Wettbewerbe (darunter auch Tauziehen, Kricket, Polo, Rugby und Eislaufen) vor sich hin, meist unter Ausschluß der Öffentlichkeit. Die Amerikanerin Margaret Abbott zum Beispiel hat bis zu ihrem Tod (1955) nicht erfahren, daß sie in Paris das olympische Golfturnier gewonnen hatte. Sie hielt das für irgendeinen internationalen Wettbewerb.

Auch dem olympischen Marathonlauf gingen Streitereien um die Strecke und ein Organisations-Chaos voraus. Von wegen schöner Stadtkurs oder wenigstens eine Route durch Versailles, dieser grünen Lunge. Nein, man wählte schließlich für den Marathonlauf eine eher abstoßende Kulisse: rund um die Befestigungsanlagen aus der Zeit des Deutsch-Französischen Krieges von 1870/71. Das war eine Strecke voller Müll, meist über Schlackenwege, auf denen auch noch der ganz normale nachmittägliche Verkehr rollte.

Auch das Starterfeld, das sich da am 19. Juli 1900 bei bleierner Hitze um die olympische Goldmedaille bewarb, schien armselig: Vier Briten, vier Amerikaner, zwei Schweden, zwei Italiener, ein Böhme, ein Ire und fünf Franzosen.

Ein Chaos-Rennen. Als das Läuferfeld aus dem Bois de Boulogne kam, hatte sich der 19jährige Schwede Ernst Fast an die Spitze gesetzt. Der kleine Elektriker, der nur startete, weil er während der Weltausstellung in Paris zu tun hatte, spurtete also blind vorneweg und stand plötzlich wie ein Ochs vorm Tor von Passy. Die Strecke war mangelhaft ausgewiesen. Er wußte nur: der nächste Punkt hieß Porte Maillotte. Er wußte aber nicht, ob es nach links oder rechts, nach Süden oder nach Norden ging! Mit seinen bescheidenen Französischkenntnissen fragte der junge Schwede einen Polizisten. Der war leider kein Pariser, sondern aus Marseille. Der Ahnungslose schickte den Orientierungslosen nach Süden. Leider falsch. Es dauerte einige Zeit, bis Fast seinen Holzweg bemerkte. Trotz seines Umwegs schaffte er immerhin noch den dritten Platz.

Olympiasieger wurde Michel Théato, ein 22jähriger Möbeltischler (2:59:45). Am Ziel auf der Katalanischen Wiese erwarteten ihn 1500 Zuschauer, Musiker des 124. Infanterieregiments spielten zu Ehren des französischen Siegers die *Marseillaise*. Nach seinem Triumph wechselte der schnauzbärtige Théato ins Profilager, mit mäßigem Erfolg. Nach dem Ende seiner Marathonkarriere sollte er noch einmal eine schöne Überraschung erleben. Denn eines Tages erschien ein Funktionär des französischen Sportverbandes und überreichte dem Marathon-Olympiasieger eine goldene Medaille – zwölf Jahre nach dem Rennen. Aber immerhin.

Die Marathondistanz:
Wie es zu den krummen 42 195 Metern kam

Mal war die Marathonstrecke 40,260 Kilometer lang, wie die 1900 in Paris. Mal war sie 39,5 Kilometer kurz, wie die in den Anfängen des Boston Marathon. Und mal war sie genau 40 Kilometer, wie 1896 in Athen und auch acht Jahre später in St. Louis bei den ersten olympischen Marathon-Entscheidungen.

Die überall auf der Welt einheitliche Marathondistanz von 42,195 Kilometern gibt es erst seit 1908. Wie es zu den krummen 42 195 Metern kam, läßt sich nicht mehr vollständig rekonstruieren. Fest steht: Dahinter steckt ein königliches Begehren.

Bei den Olympischen Spielen 1908 in London sollte der Marathonlauf zwischen der königlichen Sommerresidenz Schloß Windsor und dem White-City-Stadion in Shepherd's Bush stattfinden. Für die Gestaltung der Strecke gab es mehrere Vorschläge. „Das Marathonrennen von vierzig Kilometern wird durch die Amateur Athletic Association auf einem Kurs über öffentliche Straßen markiert und auf der Laufbahn des Stadions beendet, wo die letzte Drittelmeile zu laufen ist", hieß es in der Ausschreibung. Vom Schloßtor bis in die Hauptarena dieser Olympischen Spiele waren es exakt 25 Meilen – also 40,23 Kilometer. Doch dann äußerte die königliche Familie den Wunsch, man möge den Start direkt aus dem Schloß Windsor verfolgen können. Also wurde die Strecke verlängert.

Vermutlich war es aber so: Die Distanz zwischen der Ostterasse von Schloß Windsor und dem Stadioneingang des White City Stadium betrug laut Vermessungsprotokoll genau 26 Meilen (41,84 km). Weil Königin Alexandra direkt vor ihrer Loge den Zieleinlauf zu sehen wünschte, wurde die Marathondistanz um weitere 385 Yards (355 Meter) verlängert – auf insgesamt 42,195 Kilometer.

Verbindlich wurde dieses Marathon-Maß allerdings erst Jahre später. Die Internationale Leichtathletik-Föderation (IAAF) beschäftigte sich im Mai 1921 auf einem Kongreß in Genf mit dem Thema. Die Delegierten wollten das olympische Programm für 1924 festlegen. Schließlich folgte man dem Vorschlag der einflußreichen Briten und beschloß das Londoner Maß von 1908 – also die heute noch gültigen 42,195 Kilometer.

Die einsamen Helden

Jahrzehntelang blieb die Zahl der Marathon-Veranstaltungen und die Zahl der Teilnehmer nahezu konstant – konstant klein. Marathon – das war und blieb die elitäre Herausforderung für eine überschaubare Gruppe: für Hochleistungsathleten, für asketische Abenteurer und für Lauf-Freaks.

Ja, es schwebte ein starker Nimbus über ihnen. Jeder Marathonläufer genoß ganz besonderes Ansehen. „In ihm verkörpert sich der Sieg des Geistes über die Materie, der Wille zwingt dem Körper Leistungen auf, die Bewunderung erregen. In keiner anderen sportlichen Übung wird dieser Grad von Zähigkeit und Ausdauer, von Energie und Organkraft entwickelt und verlangt. Je mehr die Kräfte des Körpers verbraucht sind, um so stärker machen sich die Anfälle von Energielosigkeit bemerkbar. Nur wer jahrelanges, disziplinvolles Training hinter sich hat, wer in schweren Kämpfen Erfahrungen gesammelt und Strapazen, ja selbst Erschöpfungszustände zu ertragen gelernt hat, kann den Kampf bestehen." Mit solch heroischem Zungenschlag wurden Marathonläufer zum Beispiel in den 30er Jahren beschrieben und bewundert.

Tatsache ist: Nur eine ganz kleine Gruppe von Läufern, hierzulande vielleicht eine Hundertschaft, mutete sich damals so ein physisches und psychisches Abenteuer wie Marathon zu. Das hatte aber auch damit zu tun, daß Laufen am Ende der sportlichen Imageskala stand und der gesundheitliche Wert des Laufens lange Zeit total unterschätzt wurde. Keiner konnte sich noch in den 50er Jahren vorstellen, daß Laufen in naher Zukunft Millionen begeistern und bewegen würde. Laufen – meine Güte, wie läppisch.

Die Väter der Jogging-Bewegung

Die Laufbewegung wurde nicht in den USA ausgelöst, wie fast alle meinen, sondern in Neuseeland. Genaugenommen sogar in Waldniel, einem 5000-Seelen-Ort, in dem ein gewisser Dr. Ernst van Aaken eigenbrötlerisch eine neue Art des Laufens propagierte. Heute heißt seine Methode in den USA „Long-Slow-Distance", und der Doktor aus Waldniel gilt als „Father of LSD".

Der Dauerlauf als Trainingsreiz im Leistungssport wurde viele Jahre lang unterschätzt. Oder einfach als veraltet abgetan. Ende der fünfziger Jahre betrachteten alle Experten das Intervalltraining als Nonplusultra. Dr. van Aaken aber, der zum Beispiel Harald Norpoth trainierte und ihm zu 14 deutschen Meistertiteln und einer olympischen Silbermedaille verhalf, rief seinen Schützlingen im Training zumeist zu, langsamer zu laufen. „Es wird zu schnell gelaufen, das typisch deutsche Training wird betrieben unter dem Motto, gelobt sei, was hart macht." Van Aaken predigte Dauerlaufen als homöopathische Dosis, als kontinuierlichen Reiz für den Organismus.

Im fernen Neuseeland trainierte ein Arthur Lydinard nach einer ähnlichen Methode zwei Athleten, die schließlich beide Olympiasieger wurden: Peter Snell und Hurray Halbert. Durch diese Erfolge entwickelte sich Laufen auf dem grünen Doppeleiland am Ende der Welt zu einer Massenbewegung.

Bill Bowerman aus Eugene, Oregon, in Amerika ein renommierter Mittel- und Langstreckentrainer, besuchte den Neuseeländer Lydinard, studierte dessen Methode (intensiver Dauerlauf mit gezielten Tempo-Spritzen) und verfaßte zusammen mit dem Herzspezialisten Dr. Harris darüber ein Buch: *Jogging*. Das wurde der erste populäre Millionenrenner übers Laufen.

Ein erhebendes Erlebnis: Seit der Wiedervereinigung 1990 dürfen die Teilnehmer des Berlin-Marathons auch durch das Brandenburger Tor laufen. Fürs Spektakel mitten in der deutschen Hauptstadt melden jeden September über 25 000 Marathonläufer.

Die These, die in diesem Bestseller vertreten wurde, klingt heutzutage sehr simpel: einen Tag leicht und den nächsten Tag härter trainieren.

Der Beginn des Booms

Überdies hatte der Astronauten-Arzt Dr. Kenneth Cooper ein aerobes Bewegungstraining entwickelt (es basierte auf einer Ausdauerleistung, nach Möglichkeit 20 bis 45 Minuten, bei der ein hoher Sauerstoffumsatz im Körper angestrebt wird). Je höher der Sauerstoffverbrauch einer Übung war, um so größer war die zugeordnete Punktzahl. Davon ließen sich fortan Millionen Amerikaner animieren. Sie hofften, wenn sie einer gewissen Meilenzahl wöchentlich nachliefen, würden sie damit ihre Gesundheit generalüberholen.

Der Lauf-Boom lief an.

Wenn Wissenschaftler eine Antwort auf das Phänomen finden, liest sich das so: „Unter den Vorzeichen einer fortschreitenden Zivilisation mit zunehmender Automatisierung und Monotonisierung in vielen Lebensbereichen entstand Mitte der sechziger Jahre ein allgemeines Sport- und Bewegungsbedürfnis in der hochtechnisierten Welt, das eine initierte Laufbewegung auf fruchtbaren Boden fallen ließ“ (Die Wissenschaftlerin Susanne Kreitz in ihrer schon erwähnten Untersuchung *Marathon im Lebenslauf*).

Langsam, aber auch unaufhaltsam entwickelte sich das schlanke Wort „fit“ zum Zauberwort. Fitneß wurde zum neuen Statussymbol. Viele wollten fit sein. Autoren wie George Sheehan (*Running and Being – The Total Experience*) oder James F. Fixx (*Das komplette Buch vom Laufen*) schafften es, Legionen von Sportmuffeln zu begeistern und ihnen Beine zu machen. Anfang der siebziger Jahre gab es rund zwei Millionen joggende Amerikaner; zehn Jahre später war die Zahl schon auf unglaubliche 30 Millionen angestiegen – das jedenfalls stellte das Meinungsforschungsinstitut National Family Opinion fest.

Auch wenn immer mehr Menschen mit dem Laufen begannen – noch Anfang der siebziger Jahre konnten sich nur wenige vorstellen, jemals einen Marathon zu laufen.

„Beim Marathonlaufen ist es ähnlich wie in der Liebe: Man sollte bloß nicht zu zeitig zur Sache kommen!“

Dirk Thiele, Eurosport-Kommentator

Der bescheidene Beginn in New York City

Als am 13. September 1970 der erste New York City Marathon stattfand, standen gerade mal 127 Läufer (126 Männer, eine Frau) am Start, um im Central Park vier große Schleifen zu drehen. Das Budget: tausend Dollar. Zuschauer? Die New Yorker kümmerten sich kaum über die paar laufenden Spinner, manche unterbrachen nicht mal ihr Frisbee-Spiel, um dem Marathon Beachtung zu schenken.

Der einheimische Feuerwehrmann Gary Muhrcke hatte zwar gemeldet, wollte morgens aber auf den Start verzichten, weil er in der Nacht mehrere Mal zum Löscheinsatz mußte und keine Minute ins Bett gekommen war. Eigentlich wollte er morgens ein Nickerchen machen. Doch seine Frau und die drei Kinder bedrängten ihn zum Sonntagsausflug in den Central Park.

Da war er nun. Und wo er nun schon mal da war, lief er also doch noch mit bei diesem Marathon – und gewann (2:31:38).

Muhrcke später: „Keiner konnte konnte ahnen, welche Explosion dieses Ereignis mitmachen würde. Als ich gewann, interessierte sich kein Mensch dafür. Aber in fünfzig Jahren werden die Leute fragen: ‚Wer hat eigentlich beim ersten Mal hier gewonnen?‘ Ich bin glücklich, daß ich das war. Ich bin noch glücklicher, daß ich damals überhaupt noch an den Start gegangen bin.“

Heute stehen regelmäßig zwei Millionen Menschen am Straßenrand – egal, ob's stürmt oder schneit – und gehen begeistert mit, wenn Anfang November das Spektakel Marathon stattfindet. Jedes Jahr bewerben sich über 70 000 (!) Läufer aus fast hundert verschiedenen Ländern, um eine Startnummer ergattern. Die Zahl der Teilnehmer muß auf rund 35 000 begrenzt werden, mehr ist aus organisatorischen Gründen nicht möglich.

Nein, Marathon ist längst kein elitäres Abenteuer für ein paar ganz abgefahrene Läufer mehr, Marathon ist so etwas wie ein „esoterischer Mount Everest“ geworden, für nahezu jeden Läufer ein durchaus reales Ziel.

Allein in Amerika rannten Ende der achtziger Jahre 246 000 Leute einen Marathon. Inzwischen werden 400 000 Starter pro Jahr registriert. Marathon ist hip und chic und imageträchtig. Olympiasieger Frank Shorter: „Wenn du dein Lauftraining in den Augen der anderen begründen willst, erzähl ihnen, du trainierst für einen Marathon.“

Der Lebensangst davonlaufen

„Die Lust am Laufen und die Lebensangst“ – unter diesem Motto verfaßte Michael Fritzen in der *Frankfurter Allgemeinen Zeitung* einen kundigen Lauftext, ein verständnisvolles Essay. „Ich habe Angst vor diesem Leben auch deshalb, weil über dessen Gefahren so viele Informationen vorliegen wie noch nie. Was man weiß, macht heiß. Ich habe Angst vor dem Herzinfarkt und bereits vor dem, was ihn herbeiführen kann – all das sind ungünstige Blutfettwerte, Streß, Hochdruck, Übergewicht.

Wir werden kaputtgemacht durch Gift und Lärm, durch Hetze und ihr scheinbares Gegenteil, die Bewegungsarmut, durch Einsamkeit und Sinnlosigkeit: Die Empfindung ist weitverbreitet. Man hat Angst vor Krebs und raucht dennoch weiter. Man hat Angst vor dem Versagen, dem Nachlassen und putscht sich auf. Man ‚hat es geschafft‘, und das Leben wächst einem über den Kopf. Man beschwichtigt seine Ängste, ertränkt sie im Alkohol, erstickt sie im großen Fressen, verjagt sie durch noch größere Arbeitswut. Und man weiß zugleich, daß dies alles die Gegenstände der Angst beschleunigt herbeizieht.

Der Tag der Rekorde: Am 1. November 1992 purzelten beim New York City Marathon medienwirksame Bestmarken. Nie gab es so viele Teilnehmer (28 656), nie erreichten so viele Frauen (5441) das Ziel. Siegerin: die Australierin Lisa Ondieki – mit Streckenrekord.

Man weiß sehr gut, wie der Hase läuft. In der empfundenen Ausweglosigkeit nehmen die Depressionen zu. Man sehnt sich nach ungiftigen Auswegen, aber sie müssen einfach zu begehen sein. Viele vermögen nicht mehr ganz und gar umzukehren, sich neu auf ‚eigentliche Werte' zu besinnen, dem Leben einen Sinn zu geben, der außerhalb des Verbrauchens, des Erfolges stünde. Diesen Ausweg haben sie sich durch das Leben, das sie führen, nahezu hoffnungslos verbaut."

Auswege. In sich gehen, also meditieren? Zum Therapeuten gehen, aber zu welchem? Viele haben diesen Weg ja gewählt. Wenige kamen damit weiter. Psychoanalyse, Urschrei, Gruppentherapie, Sensivity-Training, Biofeedback brachten sicher Seelenheil, aber auch Verwirrung, noch mehr Verwirrung.

„In dieser zäh-verstrickten Situation klingt der frisch-fröhliche Zuruf: ‚Lauf mal wieder!' wie eine Heilsbotschaft", schrieb Michael Fritzen. Dieser Zuruf „wirkt fast so wundersam selbsttätig wie das Buch unter dem Kopfkissen: Lauf dich gesund, lauf dem Herzinfarkt, den Sorgen, der Angst davon! Das Laufen erscheint als ein verblüffend einfaches, billiges, jedermann zugängliches, von fast jedem und überall zu praktizierendes Heilmittel."

Stimmt. Laufen kann jeder, und jeder kann fast überall laufen. Laufen ist nun wirklich ganz leicht, auch wenn richtiges und vernünftiges Laufen gelernt sein will.

Laufen, diese uralte Sache, ist trendy geworden. Die Zeiten sind endgültig vorbei, als Läufer wie exotisch-kauzige Gesund-

heitsapostel bestaunt oder als uraltmodische Trimm-dich-Typen mitleidig belächelt und gefoppt („Hopp-hopp-hopp") wurden.

Denn längst hat sich millionenfach bewährt und herumgesprochen, wieviel Wohltuendes Laufen bewirkt. Laufen – und alles läuft gleich viel besser.

Laufen macht rundum fit. Laufen stärkt das Herz-Kreislauf-System und den Muskelapparat. Laufen läßt die Pfunde purzeln. Laufen verbessert die Denkfähigkeit. Laufen stabilisiert das Immunsystem. Laufen ist gut gegen Streß. Laufen verbessert den Schlaf und steigert den sexuellen Appetit. Laufen ist gut fürs seelische Gleichgewicht. „Laufen stabilisiert mich", meint auch Bill Clinton, der US-amerikanische Präsident. „Laufen hilft mir, viel optimistischer durchs Leben zu gehen."

Vorbild New York City Marathon

Inzwischen „laufen" jedes Jahr weltweit mehr als tausend Marathons. Manche stehen als Klassiker hoch im Kurs (Boston, Athen), manche konnten sich rasch als interessante Newcomer etablieren (zuletzt Köln). Manche leben von ihrer kuriosen Streckenführung (Big Sur, die weinseligen Marathons durch Napa Valley, Médoc), manche gelten als besonders schnell (Rotterdam, Berlin, Chicago) oder besonders schwer (Two Oceans, Mount Meru) oder besonders exotisch (Barbados, Rio). Und manche schrecken und locken zugleich, weil sie schwül-heiß (Honolulu, Atlanta) sind oder weil das Rennen mit einem großen Bibbern beginnt (Reykjavik, Sibirian Marathon).

Der Marathon der Superlative: New York City ist süchtig nach immer neuen Höchstmarken. Wen wundert's also, daß hier auch die längste Pinkelrinne der Welt steht – für all jene, die es vor dem Rennen noch mal laufen lassen wollen.

Und es gibt *den* Marathon schlechthin – den in New York City.

Im sechsten Jahr ihres Bestehens (1975) lockte die Veranstaltung immerhin 534 Teilnehmer. Das machte die Runden-Dreherei im Central Park organisatorisch nicht leichter. Doch im Vergleich mit dem damals schon ruhmreichen Boston Marathon war das Feld eher dürftig. Denn dort meldeten bereits über 2000 Teilnehmer.

Deshalb überlegten die New Yorker Veranstalter, wie sie ihren Marathon attraktiver gestalten könnten. Beim Brainstorming entstand die Idee, den Kurs durch die fünf Stadtteile – Bronx, Manhattan, Brooklyn, Queens, Staten Island – und über fünf Brücken zu führen. Der Stadtmarathon sollte symbolisch die verschiedenen ethnischen Gruppen von New York verbinden.

Eine geniale Entscheidung.

Denn jetzt entwickelte sich der New York City Marathon, der bislang eher ein unbedeutender Lauf im Central Park war, ganz schnell zu einem wirklichen Spektakel durch die Straßenschluchten des Big Apple. Der Massenlauf wurde nun zu einer festen Größe im internationalen Sportkalender, wie Wimbledon oder das Grand National.

Lauter Superlative beim New York City Marathon: Die meisten Zuschauer am Straßenrand (zwei Millionen), die meisten ausländischen Teilnehmer (regelmäßig über 10 000 aus über 100 Ländern), die meisten Frauen am Start, die meisten freiwilligen Helfer (über 13 000), das längste Urinal der Welt (die Pißrinne ist über 100 Meter lang).

New York Marathon: Wie die Zahl der Teilnehmer explodierte

Jahr	*Teilnehmer*
1970	*127*
1975	*534 (davon 44 Frauen)*
1976	*2090 (88)*
1977	*4823 (228)*
1978	*9875 (938)*
1979	*11533 (1326)*
1980	*14012 (1962)*
1981	*14496 (2029)*
1982	*14308 (2075)*
1983	*15193 (2355)*
1984	*16315 (2610)*
1985	*16705 (2606)*
1986	*20502 (3486)*
1987	*22523 (3919)*
1988	*23463 (4153)*
1989	*24996 (4749)*
1990	*25012 (4727)*
1991	*26900 (5380)*
1992	*28656 (5609)*
1993	*28140 (6151)*
1994	*31129 (7012)*
1995	*27634 (7101)*
1996	*29000 (7612)*
1997	*30463 (8863)*
1998	*32195 (9011)*

Schrittmacher New York Marathon: die Premieren

1971	*Das Zielband war lediglich einseitig bedruckt. Finish lasen nur die Läufer. Die Zeitungsfotos zeigen bloß ein weißes Band. Noch war Marathon kein Medienereignis.*
1974	*Erstmals elektronische Zeitnahme.*
1976	*Erstmals führt die Strecke durch die fünf Stadtteile Staten Island, Queens, Brooklyn, Bronx und Manhatten.*
1977	*Erstmals ein roter Teppich über die Queensboro Bridge. Für die Finisher erstmals wärmeisolierende Folien.*
1978	*Erstmals Bar-Codes auf den Startnummern.*
1979	*Erstmals Live-Übertragung im Fernsehen. Preisgeld (inoffiziell) für die Elite. Limitiertes Teilnehmerfeld.*
1981	*Erstmals überträgt der Fernsehsender ABC den Marathon im ganzen Land.*
1983	*Erstmals für alle Finisher eine Urkunde mit Zeit und Plazierung.*
1984	*Erstmals offizielle Preisgelder.*

Stadtmarathons als Volksfeste

Der Mega-Lauf wurde nun auch mega-attraktiv für Sponsoren – und fürs Fernsehen, daß das Ereignis regelmäßig live überträgt. Die Entwicklung des New York City Marathon wirkte für die gesamte Marathonszene wie ein Quantensprung.

Phänomen Stadtmarathon. Geladene Eliteläufer gemeinsam in einem großen Feld mit Hobbyläufern. Ein Sportereignis mit Volksfestcharakter. Dazu ein interessantes Rahmenprogramm, Live-Musik, Nudelparty, Läufermesse – der New York City Marathon entwickelte sich zum leuchtenden Vorbild für Marathonorganisatoren aus aller Welt.

1981 begann mit dem Frankfurter Hoechst-Marathon auch in Deutschland die Erfolgsstory der Stadtmarathons. Gleich bei der ersten Veranstaltung wurden 2588 Finisher registriert. Im selben Jahr zog auch Berlin mit einem neuen Konzept nach. Obwohl inzwischen auch der wirtschaftliche Nutzen des Berlin-Marathons unbestritten ist (zusätzlicher Umsatz für die Stadt: rund 50 Millionen Mark) muß sich Marathonchef Horst Milde bis heute mit städtischen Behörden herumschlagen. Manchmal lassen sich zum Beispiel Schreibtischtäter nur mit allergrößter Mühe überzeugen, mit den Straßenbauarbeiten an der Strecke erst nach der sportlichen Großveranstaltung zu beginnen, um einen unnötigen Engpaß zu vermeiden.

Bei der Geschichte des Berlin-Marathons lassen sich Parallelen zum New York City Marathon erkennen. Auch die Berliner veranstalteten schon seit 1974 einen Marathon, der – nahezu unter Ausschluß der Öffentlichkeit – im Grunewald ausgetragen wurde. Die Polizei verhinderte einen Stadtkurs, weil sie sonst massive Probleme mit dem Verkehr befürchtete. So also pendelte sich die Zahl der Teilnehmer, die alle Jahre wieder versteckt im Grunewald den Berlin-Marathon absolvierten, auf läppische 300 Läufer ein.

Als die Marathonstrecke 1981 erstmals durch die attraktive West-Berliner Innenstadt führte, meldeten sich prompt über 2700 Teilnehmer an – neunmal mehr in den Jahren zuvor. 1998 meldeten 25 530 Läufer.

Warum plötzlich dieser explosionsartige Zuspruch und Zulauf bei den Stadtmarathons weltweit? Warum diese Faszination Marathon bei immer mehr Menschen?

Hierzu zwei interessante Statements. Die Wissenschaftlerin Susanne Kreitz brachte ein gesellschaftliches Phänomen namens „Neo-Tribalism" in die Diskussion: „Mit der Subkultur der Langstreckenläufer ist ein solcher quasi-familärer Zusammenhalt gegeben, daß sie bei Training und Wettkampf, aber auch darüber hinaus, wie eine moderne Form der Sippe zusammenhalten, selbst wenn sie sich bei einem Lauf zum ersten Mal getroffen haben.

‚Die Einsamkeit des Langstreckenläufers' ist ein Mythos, der sich nicht erhärten läßt – im Gegenteil, die Marathonläufer und -läuferinnen wiesen ein ganz erhebliches Maß an Geselligkeit auf, allerdings überwiegend wieder unter ihresgleichen, so daß sich diese dem nichtlaufenden Beobachter meist entzieht."

Marathon als aktives Gruppenerlebnis.

Was der Marathonläufer Fred Lebow, treibende Kraft des New York City Marathon, einmal sagte, kann jeder Marathonläufer sicher gut nachempfinden: „Klar, jeder Läufer erhofft sich durch die Teilnahme an einem Marathon auch so etwas wie Statusgewinn. Aber der wirkliche Grund liegt tiefer. Irgendwie müssen wir doch alle unsere physischen, emotionalen und kreativen Fähigkeiten testen und ausleben. Aber das ist oft schwer. Wir können uns keine Flügel wachsen lassen, wenn wir fliegen wollen. Wir können nicht als Sänger auftreten, wenn wir keine bestimmte Stimme haben. Die meisten scheuen sich, öffentlich aufzutreten. Aber ein Marathon bietet für jeden eine Bühne, egal, ob er Weltklasseläufer oder Vierstunden-Läufer ist. Die Straße ist die Bühne, hier kann sich jeder präsentieren und stolz sein. Und dann sind da noch Zuschauer, die applaudieren.

Ein Marathon ist wie der Broadway des kleinen Mannes, auf dem er ‚standing ovations' erlebt."

Erlebnis New York City Marathon: Bis zu 70 000 möchten mitlaufen, nur 35 000 dürfen es – aus organisatorischen Gründen.

Die Helden

Helden sind unerschrocken. Helden sind Einzelgänger. Sie gehen weit über ihre Grenzen hinaus. Helden tun, was sie können, was sie tun müssen und was andere nicht schaffen. Schiller dichtete: „Der Held dringt kühn voran; der Schwächling bleibt zurück." Aber Spötter meinen: einem Helden fehle doch bloß der Mut, feige zu sein.

Was also macht einen wahren Helden aus?

Wenn nicht nur Mut, was sonst noch? Übermenschliche Einsatzfreude? Selbstdisziplin? Selbstbeherrschung?

Der amerikanische Dramatiker Tennessee Williams (*Endstation Sehnsucht*) wußte: „Die wahren Helden sehen selten wie Helden aus." Und Gutmensch Albert Schweitzer erkannte: „Es gibt keine Helden der Tat, sondern nur Helden des Verzichtens und Leidens."

Solche Attribute treffen nun wirklich auf Marathonläufer zu. Insofern dürften Marathon-Helden wahrlich Helden sein – im wahren Sinne des Wortes.

Sie sind leidensfähig. Sie leisten zuweilen Übermenschliches. Sie sind selbstbeherrscht und selbstdiszipliniert, manchmal bis zur Selbstaufgabe.

Die Zunge hing ihm aus dem Hals. Sein Gesicht: eine Grimasse. Den Oberkörper nach links eingeknickt; den Kopf in Schieflage; die stakeligen Beine, die unelegant auf den Boden hämmerten; die Arme eckig gewinkelt und heftig schwingend – wie die Kolben einer Lokomotive. So kämpfte, nein: so knüppelte sich Emil Zátopek voran.

Er bot ein Bild des Jammers. Er repräsentierte das totale Gegenteil eines Ästheten. Eigentlich schien Emil Zátopek die Karikatur eines Athleten zu sein. Dieser schmächtige Mann, der mit hölzernen, eckigen Bewegungen lief. Und dann diese Atemgeräusche, die als fürchterliches Keuchen kamen. Vor allem deswegen läuft ihm bis heute der Spitzname „die tschechische Lokomotive" hinterher. Von vielen wurde er freilich auch als „Koloß der Straße" gerühmt. Fest steht: Emil Zátopek verkörperte eindrucksvoll Leidensbereitschaft – und wurde zu *dem* Symbol eines Marathon-Helden.

Das hat sicher auch damit zu tun, daß die Erfolge des liebenswerten Emil Zátopek Anfang der fünfziger Jahre in eine Zeit fielen, als die Bilder endgültig laufen lernten. Seine Qualen, sein innerer Kampf und Durchhaltewille, der ihm ins Gesicht geschrieben stand, wurden tausendfach fotografiert, in bewegten Bildern (Fox tönende Wochenschau) dokumentiert – und so für Millionen von Menschen zugänglich.

Die zeitgenössischen Berichterstatter erhöhten sein Tun zusätzlich.

Sturmlauf zum Rekord: Ronaldo da Costa aus Brasilien verbessert beim Berlin-Marathon '98 die seit zehn Jahren bestehende Weltbestzeit gleich um 45 Sekunden auf 2:06:05 Stunden. Das Ungewöhnliche: Auf der zweiten Streckenhälfte ist er um drei Minuten schneller als auf der ersten Hälfte.

Alberto
12
Krombacher

Das Rennen seines Lebens

Der Prager Autor Frantisek Kožik hat 1954 ein Buch über Emil Zátopek, „den besten Langstreckenläufer der Welt", veröffentlicht. Titel: *Der Marathonsieger*. Besonders spannend zum Beispiel die Situation des Läufers vor dem ersten Marathon seines Lebens, bei den Olympischen Spielen in Helsinki (1952). Besonders heroisch deshalb der Duktus und die Sprache, die Kožik kultivierte.

„Endlich halb vier. Achtundvierzig Läufer versammeln sich am Start. Die Argentinier mit Cabrera an der Spitze, der seinen Sieg von London wiederholen will. Die Australier, die Japaner, die Belgier, die Deutschen, die Amerikaner, die Engländer mit dem großen Favoriten Peters. Der tschechoslowakische Athlet im roten Trikot mit der Startnummer 903 fühlt sich in dieser Gesellschaft nicht recht wohl. Kleinlaut mißt er die prominenten Gegner. Gegen ihre reichen Marathonerfahrungen kommt er sich wie ein Anfänger vor. Und ein Anfänger ist er bei diesem Start tatsächlich, der törichte Emil Zátopek, der innerhalb von acht Tagen schon das dritte erschöpfende Rennen bestreitet, und der diese Strecke zum erstenmal in seinem Leben läuft.

Denn ein Marathonlauf wird ja ganz anders gelaufen als ein Bahnlauf. Hier können ungeahnte Krisen aufkommen, von denen ein Bahnläufer keine blasse Ahnung hat. Wie oft hat schon eine Blase, eine steife Naht oder ein unbequemes Trikot selbst die größten Favoriten zum Aufgeben gezwungen. Nur gut, daß Emil vor dem Start wenigstens die Startnummern seiner Gegner auswendig gelernt hat. So kann er sich in diesem Gewimmel doch ein wenig zurechtfinden.

Plötzlich fühlt er sich so verlassen, und etwas Angst huscht über sein Gesicht. Ja, wie anders wäre es doch, wenn er alle seine Freunde hier hätte! Wie schön läuft es sich auf der Ostrauer Bahn, im Waldstadion von Houstka oder im Schatten der Tribünen des Prager Stahov-Stadions! Wären hier doch alle, die ihn schon so oft zu den größten Leistungen anspornen konnten! Seine Leute aus den Werkstätten, Schulen, Fabriken und Ämtern! Seine Soldaten, seine Klubkameraden, Männer, Frauen, Knaben, Mädchen und Kinder, alle, die ihm zurufen würden: ‚Emil, wir sind wieder da, so wie immer! Du kannst dich auf unsere Hilfe verlassen!'

Emil Zátopek, der 30jährige Offizier der tschechoslowakischen Armee, steht am Start. Schlank und federnd sein Körper, konzentriert und entschlossen sein Antlitz. Sein Name ist bedeckt mit dem jungen Ruhm zweier olympischer Kämpfe. Aber in seinem Benehmen ist keine Spur von Stolz. Bescheiden, einfach und natürlich verliert er sich im bunten Feld seiner Gegner, denen er stets bester Freund und Kamerad ist.

Jetzt reihen sich die Läufer dicht hinter die weiße Startlinie. Sie stehen in vier Reihen. Die Tribünen beobachten gespannt die letzten Vorbereitungen. Welcher von diesen ist der Stärkste, der Tapferste, der Ausdauerndste?

Noch einen einzigen Augenblick, dann beginnt der Kampf. Nur feste Nerven, nur starke Muskeln, nur ein unbeugsamer Wille und ein eisernes Herz können hier auf Erfolg hoffen. Der Startschuß bringt die Lösung des großen Rätsels. Die Lösung, die sich über harte 42 Kilometer hinzieht. Und nur dem, der alle Qualen übersteht, dessen Willenskraft allen Anstrengungen gewachsen ist, nur dem wird der Sieg beschert.

Bibliophiles Denkmal für einen Läufer, den sie die „tschechische Lokomotive" nannten: Emil Zátopek (Jahrgang 1922), ein sympathischer Schelm, war in den fünfziger Jahren nahezu unschlagbar. Er ist bis heute populär geblieben. Eine Legende, die lebt.

Er wartet. Er ist bereit.

Niemand weiß, wieviel Zeit zwischen dem Kommando und dem Schuß vergeht. Aber es ist nicht der Augenblick, der Emil vom Startschuß trennt. Am Start dieses schweren Rennens steht sein ganzes bisheriges Leben. Alle Erfolge, welche ihm Vertrauen einflößten, alle Niederlagen, welche ihm neue Erkenntnisse brachten. Alle Fehler und Irrtümer, welche er überwinden, alle Erfahrungen und Lehren, die er hart bezahlen mußte. Er erinnert sich an die vielen Jahre harten Trainings trotz Müdigkeit, Wind und Wetter, an die Tausende von Kilometern auf Bahnen, Straßen und Wegen, bei Hitze und Frost, in Kot und Schnee, oft nach dem Dienst in schweren Stiefeln, bei Mond- und Laternenschein. Er erinnert sich an die jahrelange, gewissenhafte Arbeit in seinem Dienst beim Militär, an das allmähliche Heranreifen seiner Willenskraft durch immer größere Aufgaben, durch immer größere Entbehrungen. Und wie gut doch das Volk ist, daheim, hier in Finnland und überall, wo auch immer er in der Welt herumgekommen ist. Warum sollte man nicht mit allen Menschen in Liebe und Frieden leben! Emil erinnert sich seiner lieben, braven Eltern, die ihm durch harte Arbeit und Entsagung ein besseres Dasein ermöglicht haben.

So steht Emil am Start, als Läufer, als Mensch.

Da kracht der Schuß. Alles ist vergessen, jetzt gilt es, noch einmal sein Bestes zu geben.

Emil Zátopek beginnt das Rennen seines Lebens."

Die Dramaturgie des Rennens:

Favorit Peters geht den Marathon sehr schnell an. Nach zehn Kilometern läuft er siebzehn Sekunden vor Zátopek und Jansson, einem schwedischen Bauern. Cox fällt schon zurück; der Argentinier Reinaldo Gorno hat sich nach vorne gearbeitet. Zwei Finnen führen das Mittelfeld an.

Jansson gestikuliert zu Zátopek: Laß uns Peters da vorne angreifen. Emil findet, das sei zu früh. Aber dann folgt er dem Schweden doch. Bei Kilometer 15 holen sie Peters ein. Alle drei halten sich nicht bei der Verpflegungskontrolle auf.

Bei Kilometer 18 spürt Zátopek, daß Peters schon schwächelt. „Komm mit uns, zu dritt läuft es sich viel besser", ruft er ihm zu. Peters kämpft verzweifelt.

„Er schüttelte das Haupt und wankte zum Straßenrand. Er hatte sich selbst zu Tode gehetzt", notierte Kozik.

Nun sind Emil und der Schwede allein vorneweg.

Die Wendemarke. Die Hälfte der Strecke ist geschafft. Jetzt haben sie keinen Rückenwind mehr, der Wind bläst ihnen entgegen. Emil schürzt sein Trikot, um den erhitzten Körper abzukühlen. Er sieht, daß acht Läufer gar nicht so weit weg folgen. Der Engländer Cox kommt allerdings bloß bis Kilometer 25. Auf einer Bahre wird er von Sanitätern aus dem Straßengraben in den Krankenwagen getragen.

Kilometer 30. Zátopek hat sich von Jansson deutlich gelöst. Er läuft jetzt ein einsames Rennen. Doch er läuft nicht mehr allein auf weiter Flur, denn schon säumen viele Zuschauer die Strecke. Trotzdem fühlt er sich verlassen. Die Müdigkeit dringt in seinen Körper, die Ballen sind vom harten Belag der Strecke wund gelaufen, unter den Zehen öffnet sich die erste Blase, die Nähte der Laufschuhe drücken unvorstellbar. Emil muß die Zähne zusammenbeißen, will er das Tempo halten.

Kilometer 37. „Die Beine schmerzen, in der Brust sticht es wie mit Nadeln. Er stampft mit den Laufschuhen gegen die Straße und weiß nicht, ob er läuft oder ob die Straße unter ihm schwindet. Er löst die Arme und öffnet den Mund nach Luft. Er ballt die Fäuste. Doch er läuft, er läuft."

Philatelistisches Denkmal für olympische Helden:
Auf einem farbenprächtigen Kleinbogen würdigt die Republik Togo auch den Marathonläufer Emil Zátopek – 42 Jahre nach dem Gewinn der Goldmedaille.

Kilometer 40, die letzte Kontrolle vor dem Ziel. Emil führt, der Argentinier Gorno ist jetzt Zweiter, er konnte eine Schwäche des Schweden Jansson ausnutzen.

Noch einmal O-Ton Kožik: „Das Marathontor des Olympiastadions steht offen und wartet. Getragen vom Jubel der Menschenmenge erreicht der größte aller Läufer das Stadion. Die fast 100 000 Zuschauer reißt es von den Sitzen vor Erregung und Verehrung. Die Wogen des Jubels überspringen die Stadionmauern, und dann läuft er ein, gefeiert, als wäre er ein Finne.

Schon ist er auf der Bahn, und nur noch etliche hundert Meter trennen ihn vom Zielband. Sein Antlitz, gezeichnet von den überstandenen Leiden, sieht entschlossen und mutig dem letzten Kampf entgegen. Sein Haar ist tropfnaß, seine Wangen aschgrau, die Stirn blasser denn je. Sein Körper streckt sich, und die Beine stoßen energisch ab. Sein rotes Trikot fällt über seine mageren Hüften.

Emil läuft. Er spürt nicht mehr den Druck in den Schläfen, die Schwere in den Gedärmen, die Wunden an seinen Beinen. Er läßt nicht locker. Er gibt jetzt jeden Atemzug, jeden Pulsschlag her.

Laut knipsen die Apparate, leise surren die Kameras. Der Jubel der 100 000 Zuschauer übertönt alles. Er klingt wie ein Choral, wie ein gemeinsamer, hundertsprachiger Lobgesang zu Ehren des Heldenmutes, nicht nur dieses Menschen, sondern der ganzen Menschheit. Er grüßt den Mann, der hier beweist, daß auch das Unmögliche dem menschlichen Willen möglich ist. Emil Zátopek hat sich heute mit seiner dritten Glanzleistung innerhalb einer Woche an die Spitze aller Sportler gestellt."

Hannes Kolehmainen, der „fliegende Finne“

Ein paar tausend Läufer haben seither Marathonsiege feiern können, bedeutende und weniger bedeutende. Hunderte konnten sogar in mehreren Rennen Erfolge feiern, große und weniger große. Aber nur ein gutes Dutzend Marathonläufer wurde, wie Emil Zátopek, zu einer lebenden Legende.

Zum Beispiel Kolehmainen. Doch von diesem frühen Helden ist kaum mehr geblieben als ein dürrer Eintrag im Sportlexikon: „Kolehmainen, Hannes (9.12.1889–11.1.1966), finn. Leichtathlet, viermal OS (1912 über 5000 m, über 10 000 m und im 8000-m-Geländelauf, sowie 1920 im Marathonlauf).“

Der „fliegende Finne“, wie sie ihn später nannten, lief seinen ersten Marathon schon als 18jähriger. Der kleine Johannes Pertti Kolehmainen (1,68 m) kam aus Kuopio. Das Leichtgewicht, er wog nur 60 Kilo, war ein ausgezeichneter Taktiker. Er beherrschte die Kunst des Tempowechsels, er setzte sich immer wieder beherzt vom Feld ab, lief lange Alleingänge und verfügte über ein unwiderstehliches Finish. Sicher wäre sein Nachruhm heute größer, wenn nicht in dem Moment, als er abtrat, ein anderer Finne antrat und fortan alle Läufer in den Schatten stellte: Paavo Nurmi. Amerikanische Journalisten schrieben euphorisch: Nurmi habe Finnland „auf die Weltkarte gelaufen“.

Kolehmainen auch. Als er in der Topform seines Lebens und im besten Läuferalter war, hatte er das Pech, daß 1916 die Olympischen Spiele in Berlin ausfielen – wegen des Ersten Weltkriegs. Trotzdem stellte Kolehmainen insgesamt sechs Weltrekorde auf, führte zehnmal die finnische Jahresbestenlisten über 1500, 5000 und 10 000 Meter an, wurde sogar achtmal amerikanischer Meister. Es war wirtschaftliche Not, die ihn, wie viele seiner Landsleute, zur Emigration zwang. Kolehmainen verdiente seinen Lebensunterhalt beim Häuserbau. Er bemühte sich um die amerikanische Staatsbürgerschaft. Vergeblich. 1917 startete er erstmals wieder bei einem Marathon. In Boston wurde er Vierter (2:31:58). Sportlicher Höhepunkt: Sein Marathonrennen bei den Olympischen Spielen 1920 in Antwerpen. Da verbesserte er die Weltbestzeit gleich um satte drei Minuten (2:32:35).

Kolehmainen trainierte noch härter als seine Konkurrenten. Seine Spezialität: lange Märsche, bis zu 40 Kilometer, mit kurzer Schrittfrequenz.

Mit 34 Jahren wollte er in Paris noch einmal olympischer Marathonsieger werden. Doch sein ehrgeiziger Plan scheiterte an einer Fußverletzung. An seiner Stelle siegte ein anderer Finne: der Schmiedegeselle Albin Stenroos.

Einen großen Auftritt hatte Hannes Kolehmainen noch, und zwar bei den Olympischen Spielen 1952 in Helsinki. Gemeinsam mit Paavo Nurmi durfte er das olympische Feuer entzünden.

Kitei Son alias Kee Chung Son

Berlin, 9. August 1936. Auch der „Führer“ ist an diesem Tag, an dem der klassische Lauf stattfinden soll, im Stadion. Schon Wochen vorher ist das Stadion ausverkauft. Über 100 000 Menschen stehen dicht an dicht, und die Strecke durch Berlin wird von nahezu einer halben Million Menschen gesäumt. Marathon – bei den Nationalsozialisten genießt dieser Wettbewerb besondere Gunst. „Ein eigenartiger und starker Nimbus umgibt von

Antwerpen, 1920: der finnische Marathonläufer Hannes Kolehmainen unterwegs zu seinem Olympiasieg – in neuer Weltbestzeit (2:32:35). Er unterbietet die alte Marke um über drei Minuten.

jeher den Sieger im olympischen Marathonlauf. In ihm verkörpert sich der Sieg des Geistes über die Materie, der Wille zwingt dem Körper Leistungen auf, die Bewunderung erregen. In keiner anderen sportlichen Übung wird dieser Grad von Zähigkeit und Ausdauer, von Energie und Organkraft entwickelt und verlangt", heißt es im offiziellen Olympia-Album von 1936.

Die finale Entwicklung des Marathonrennens liest sich so: „Das Olympiastadion ist nicht mehr fern. Von den Zinnen des Marathonturmes ertönen Fanfarenstöße. Das olympische Signal verkündet, daß sich der erste Läufer nähert. Gleich darauf erscheint aus dem Dunkel des Marathontors eine schmächtige braungebrannte Läufergestalt in weißer Kleidung und mit dem japanischen roten Sonnenball auf der Brust. Ungeheuerer Jubel begrüßt Kitei Son, der in glänzender Verfassung die letzten 200 Meter zurücklegt und in einem Stil, als wäre er nur eine Stadionrunde gelaufen, das Ziel passiert. Mit 2:29:19 Stunden hat er den olympischen Rekord Zabalas um mehr als zwei Minuten verbessert. Die Japaner sind vor Freude aus dem Häuschen. Der Brite Harper wird Zweiter, der Japaner Shorya Nan Dritter.

Japan hat sich mit diesem Erfolg die Vorherrschaft auf der Marathonstrecke erobert. Kitei Son entwickelte Fähigkeiten, wie sie noch kein Marathonläufer vor ihm gezeigt hat. Mit kluger Zurückhaltung hat er mit dem Angriff auf die Spitze gewartet, bis seine Zeit gekommen war, während sich Zabala, der Olympiasieger von Los Angeles (1932), zu früh verausgabte.

Sicher ist Kitei Son der Idealtyp eines Marathonläufers. Klein und leicht, begabt mit einem außergewöhnlich ergiebigen Schritt, der locker und ungekünstelt stundenlang beibehalten werden kann, bringt Son für diesen Langstreckenlauf die ganze

Los Angeles, 1932: Der Argentinier Juan Carlos Zabala ist nach seinem Sieg im olympischen Marathonlauf total platt, aber überglücklich. Er hat einen neuen Olympiarekord aufgestellt: 2:31:36 Stunden.

Berlin, 1936: Mit über zwei Minuten Vorsprung läuft der „stahlharte japanische Marathonläufer" Kitei Son ins Olympiastadion ein. Er gewinnt für ein Land, das nicht sein Land ist, die Goldmedaille. Erst 52 Jahre später wird das Politikum von damals offiziell korrigiert: Der Olympiasieger von 1936 heißt in Wirklichkeit Kee Chung Son und kommt aus Korea.

Zähigkeit seiner Rasse mit. Die unerschöpfliche Geduld, die immer wieder bereit ist, neue und schwere Strapazen auf sich zu nehmen, die traditionelle und vorbildliche Willensschulung der Japaner, bilden die Grundlagen der zielbewußt seit 1928 angestrebten Erfolge."

Was niemand wußte: Kitei Son, der für Japan siegte, wurde als Koreaner geboren und nach der Besetzung Koreas durch die Japaner mehr oder weniger gezwungen, für Japan zu starten.

Erst 52 Jahre später, als Seoul die Olympischen Spiele ausrichtete, wurde Kitei Son in seiner wirklichen Heimat unter seinem wirklichen Namen Kee Chung Son offiziell geehrt.

Der große Triumph eines ewigen Zweiten

Er war ein großer Kämpfer, ein Klasseläufer – und doch wäre er fast ein „Loser" geblieben. Bei den Olympischen Spielen 1948 wurde er Zweiter über 10 000 Meter. Bei den Europameisterschaften 1950 wurde er wieder nur Zweiter, diesmal sogar zweimal: über 5000 und 10 000 Meter. Und bei den Olympischen Spielen 1952 wiederholte sich sein sportliches Unglück: Wie schon dreimal zuvor schnappte ihm Emil Zátopek den Sieg weg, wieder wurde Alain Mimoun über 5000 und 10 000 Meter jeweils Zweiter.

Melbourne, 1956: Der Franzose Alain Mimoun wagt sich zum ersten Mal auf die lange Marathonstrecke. Das olympische Rennen gerät zur unbarmherzigen Hitzeschlacht. Doch der 36jährige Wüstenfuchs kommt von allen Läufern am besten zurecht. Ab Kilometer 25 läuft er allein an der Spitze und wird Olympiasieger.

Entnervt wich der kleine Mann mit dem üppigen Schnauzbart auf die lange Marathonstrecke aus.

Melbourne, 1. Dezember 1956. Ein heißer Tag, australischer Hochsommer. Die Sonne hatte sogar den Asphalt aufgeweicht. Den 46 Marathon-Teilnehmern stand eine Hitzeschlacht bevor: 13 Läufer, die schließlich unterwegs aufgeben mußten.

Das Rennen – eine höllische Qual. Selbst für den Franzosen Alain Mimoun, der in heißem Wüstenklima aufgewachsen war. Hinterher stöhnte er: „Diese Hitze. Ich dachte, mein Kopf zerspringt, und meine Beine wurden immer, immer schwerer."

Der Sohn eines marokkanischen Händlers stammte aus einem Berberdorf nahe der algerischen Grenze. Doch auch er litt. Denn für den 36jährigen Alain Mimoun o Kaschau (so sein kompletter Name) war dies der erste Marathon.

Im Zweiten Weltkrieg hatte Mimoun gegen Rommels Truppen gekämpft, wurde mehrfach verwundet, entging nur knapp einer Beinamputation. „Wenn du aus diesem Dreck jemals lebend herauskommst", schwor er sich, „dann wirst du Läufer." Er ging nach Frankreich, ließ sich in Paris nieder und fand Gönner, die seine Laufleidenschaft unterstützten.

Dieser olympische Marathon in Melbourne war seine letzte Chance für einen großen Triumph. Wieder würde auch Emil Zátopek starten, sein schier unbezwingbarer Gegner. Mimoun bereitete sich sorgfältig vor. Im Frühjahr reiste er nach Virumäki, um mit den starken Finnen zu trainieren. Der erste olympische Test, das 10 000-m-Rennen, endete für ihn enttäuschend. Nur Zwölfter. Doch acht Tage später, bei seinem Marathon-Debüt, konnte der kleine zähe Mann der Hitze von allen am besten trotzen. Sein schwarzhaariges Haupt versuchte er mit einem selbstgebundenen weißen Tuch zu schützen, das er immer wieder befeuchtete.

Ab Kilometer 25 vermochte ihm keiner mehr zu folgen – auch Emil Zátopek nicht. Mimoun lief ein einsames, großes Rennen. Er schien wie beflügelt.

War er auch. Denn gerade hatte ihn ein Telegramm mit folgender Nachricht erreicht: „Baby ist da. Madame Mimoun und Baby wohlauf!"

Seine Tochter bekam den Namen Olympia Pascale.

Im Alter von 45 Jahren wurde Mimoun noch einmal französischer Marathonmeister.

Der beste Mann des Kaisers

Afrikas Läufer, die heute die internationale Marathonszene nach Belieben beherrschen, meldeten erstmals 1960 ernsthafte Ansprüche an.

Kaum einer kannte diesen Mann aus Äthiopien: Er hatte auffällig dürre Beine, einen ausgemergelten Körper – und er war den olympischen Marathon in Rom barfuß gelaufen. Kaum einer konnte mit ihm reden. Abebe Bikila sprach nur seine Muttersprache. Und deshalb mußten die Sportjournalisten mutmaßen, was ihnen ins Bild paßte: Dieser Bikila käme aus dem Busch, er würde niemals Fleisch essen und zwei Tage in der Woche sogar fasten. Und sein Name würde soviel wie „die Blume" bedeuten.

Ja, dieser Marathonläufer Abebe Bikila brachte die Phantasie zum Blühen.

Reportage von Hans-Jürgen Usko in der Tageszeitung *Die Welt:*

„Es ist 19 Uhr. Wir standen am Kilometer 25. Die Via Racorda lag grau und unwirklich vor uns. Die Dämmerung schluckte die Konturen der Landschaft. Kein Haus weit und breit. Ein Hubschrauber pflügt über uns hinweg. Es wird ernst.

„Marathonlaufen ist eine besonders fürchterliche Art von Selbstmordsystem."

Abebe Bikila, Marathon-Olympiasieger 1960 und 1964

Wir starren auf das Asphaltband der Straße, es ist dunkel geworden. Zwei Lichtkegel kriechen grell auf uns zu. ‚Sie kommen!' sagte jemand neben uns. Wir sehen nichts – nur die stieläugigen Scheinwerfer eines Autos. Mit verkniffenen Gesichtern starren wir in das Licht, erkennen Beine, vier dünne, ölig glänzende braune Beine. Sie huschen vorbei; gleicher Rhythmus, gleiche Hautfarbe.

Rom, 1960: Barfuß spurtet ein unbekannter Athlet aus Äthiopien durch den Konstantinsbogen. Seine 68 Konkurrenten haben keine Chance. Abebe Bikila, 28 Jahre alt, kam, sah und wurde Olympiasieger.

Es ist wie ein Spuk. Dann der Pulk der Offiziellen. Krankenwagen, Motorräder, Polizisten.

Wir stehen ratlos. Wir wollten den Läufern ins Gesicht schauen, wollten Zuversicht, Schmerz oder Glanz der Vorfreude in ihren Mienen suchen, wollten die Nummern auf den Trikots entziffern – und nun huschten schemenhaft nur vier anonyme Beine vorbei.

‚Wer war das?' ruft jemand. Schulterzucken. ‚Einer läuft barfuß', schreit ein anderer, ‚er hatte die Nummer 11!'

Die handvoll Menschen am Kilometer 25 ist munter geworden. Wir blättern das Programmheft durch, finden die Nummer 11 und entziffern den Namen Abebe Bikila. Vor 15 Kilometern hatten wir den Läufer-Pulk zuletzt gesehen; den kleinen Russen Popov mit seinen Trippelschritten, den Buchhaltertyp Tögersen aus Dänemark, das undurchdringliche, verkniffene Gesicht des dunkelhäutigen Franzosen Mimoun.

Doch jemand, der Bikila heißt? Nie gesehen, nie von ihm gehört – ‚Rhadi aus Marokko war der zweite Mann', erfahren wir.

Dann wird es hektisch am Kilometer 25, dann treffen die Verfolger ein, mal ein Pulk, dann ein Einzelgänger. Sie sind plötzlich da; tauchen aus der Dunkelheit auf, nehmen einen Schwamm, trinken einen Schluck – und steigen wieder auf das Asphaltband der langen Strecke.

Kein Scheinwerfer begleitet die Nachhut. Bikila und Rhadi müssen jetzt schon in das Spalier der tausend Fackeln auf der Via Antica einbiegen. Wir springen in unser Auto, rasen die Strecke zurück, über die die Läufer soeben kamen, zum Ziel.

Am Konstantin-Bogen, dem Ziel, empfängt uns grelles Licht und schrille Neugier.

‚Ihr habt Bikila gesehen? Wie sieht er aus? Wie groß ist er? Wie alt?'

Wir schweigen verlegen und sagen, wir könnten nur etwas über seine Beine erzählen, mehr nicht. Um 19.50 Uhr taucht er im Ziel auf, hebt lächelnd die linke Hand, schaut glücklich ins Publikum, pflückt den Beifall von den Rängen und läuft unter den strahlend erleuchteten Bogen ins Ziel."

Abebe Bikila kam nach Rom, sah und siegte – barfüßig.

Abebe heißt Wiese. Den Vornamen hatte Bikila nach äthiopischer Sitte von seinem Vater übernommen, einem Bauern, der seinem zweiten Sohn Gehorsam, Fleiß und Gottesfurcht lehrte. Bikila sollte auch mal Bauer werden.

Aber dann nahm ihn die Mama einmal mit nach Addis Abeba. In der Hauptstadt stand der Zehnjährige vor dem Kaiserpalast, bestaunte die schönen Uniformen der Leibgarde – und wollte ab sofort nichts weiter als auch mal zur Leibgarde von Kaiser Haile Selassie gehören.

Er setzte seinen Willen durch, wurde mit 20 Leibgardist. Der Zufall wollte es, daß der Kaiser drei Jahre später einen schwedischen Trainer namens Oni Niskanen verpflichtete, der sich um die körperliche Ertüchtigung seiner Leibsoldaten kümmern sollte. Niskanen erkannte das besondere Potential des hageren Soldaten Bikila. Fortan ließ er ihn täglich zweimal mindestens 20 Kilometer in den Bergen laufen, lehrte ihn Gymnastik, Gewichtstraining und Volleyball, um die Flexibilität zu schulen. Einen Tag

Vorhergehende Doppelseite:
Herausragend: Das kleine Land Portugal hat viele große Läufer hervorgebracht. Einer der Erfolgreichsten ist Carlos Lopez, Weltrekordmann und Olympiasieger 1984 in Los Angeles.

Gelindo Borlin – ein italienischer Volksheld: Sieger in Rom, New York und anderswo. Sein Meisterstück aber: der Olympiasieg 1988 in Seoul – nach einer tollen Aufholjagd. Im Ziel küßte der Nervenstarke gerührt den Tartanboden.

pro Woche durfte Abebe ausruhen. Trainer Niskanen erstellte ihm einen Ernährungsplan und schrieb ihm sogar vor, wie oft er mit seiner Frau schlafen durfte.

Als Abebe Bikila zu den Olympischen Spielen nach Rom fuhr, war er gut vorbereitet. Aber er war ein Nobody.

Nach seinem überlegenen Sieg wurde er in Addis Abeba von Hunderttausenden bejubelt. Der Kaiser schenkte ihm eine goldene Uhr und beförderte ihn zum Leutnant.

Vier Jahre später flog Leutnant Abebe Bikila zu den Olympischen Spielen nach Tokio – und siegte noch deutlicher, diesmal allerdings mit Laufschuhen. Zurück in seiner Heimat, wurde er wieder von Hunderttausenden empfangen und bejubelt. Der Kaiser schenkte dem Volkshelden noch eine goldene Uhr und beförderte ihn zum Oberleutnant.

Vier Jahre später reiste Abebe Bikila als Topfavorit zu den Olympischen Spielen nach Mexico City. Aber bei Kilometer 17 mußte er aufgeben: Knochengewebehautentzündung. Diesmal siegte sein Landsmann Mamo Wolde.

Auch ohne drittes Olympiagold war Abebe Bikila, der erste schwarze afrikanische Olympiasieger, ein gemachter Mann. Der Leibgardist wurde zum Captain befördert. Vor und nach dem Training wachte Hauptmann Bikila in seiner prächtigen Uniform vor dem Kaiserpalast. Er war zum Idol und zum Symbol und Stolz für den sozialen Aufstieg des schwarzen Kontinents geworden.

Am 20. März 1969 fuhr Abebe Bikila in seinem VW über Land. Es war schon dunkel, es regnete. Ein Landrover blendete ihn. Bikila kam von der Straße ab, donnerte die Böschung hinunter. Keiner bemerkte seinen Unfall. Erst nach 13 Stunden wurde er gefunden: unterkühlt, mit gebrochenem Halswirbel.

Kaiser Haile Selassie ließ ihn in seiner Privatmaschine nach London fliegen. Aber auch die Spezialisten konnten nicht helfen.

Der Marathon-Held blieb querschnittsgelähmt. Das Läufer-Idol mußte als hilfloser Mann im Rollstuhl leben.

Nur vier Jahre später, im Alter von 40 Jahren, starb Abebe Bikila.

Warum John Akwari heldenhaft durchhielt

10. Oktober 1968. Über Mexico City lag eine Hitzeglocke. Und außerdem wußten die Marathonläufer, daß ihnen die dünne Luft, die Stadt liegt immerhin 2250 Meter hoch, zusätzlich zu schaffen machen würde. Abebe Bikila, der heute seine dritte olympische Goldmedaille gewinnen wollte, mußte nach 17 Kilometern überraschend aufgeben. In den letzten Tagen vor dem Start konnte er nur Haferschleim essen, Montezumas Rache hatte ihn geschwächt, seine Knochenhaut war entzündet. Insgesamt siebzehn der 74 Starter gaben das Rennen vorzeitig auf.

Kurz vor halb sieben Uhr abends humpelte John Stephen Akwari aus Tansania ins Olympiastadion. Den Zuschauern, die noch ausharrten, blieb nicht verborgen, wie sehr Akwari unter großen Schmerzen litt. Sein rechtes Bein war mit einem blutverschmierten Verband bandagiert. Trotzdem wollte er das olympische Marathonrennen unter allen Umständen beenden.

51

Der Sieger Mamo Wolde aus Äthiopien (2:20:26) hatte das Ziel schon seit über einer Stunde erreicht, auch die Siegerehrung war längst gelaufen.

Mühsam brachte Akwari die letzte Runde im Stadion hinter sich.

Ein Dokumentarfilmer beobachtete die dramatische Szene, lief dem tapferen Athleten entgegen und fragte ihn, warum der sich bis zum bitteren Finale durchgequält hatte.

Die Antwort des Tansaniers: „Mein Land hat mich vierzehntausend Kilometer weit hierher gesandt, um bei diesem Marathonlauf zu starten. Sie sandten mich, um bis ins Ziel zu laufen."

Der Doppel-Olympiasieger aus Halle

„Wie fast jeder Sportler, so habe auch ich große Vorbilder. Es sind Menschen, die sich durch hohes Können auszeichnen wie der Marathonläufer Abebe Bikila, der Skispringer Helmut Recknagel, wie Paavo Nurmi und Rudolf Harbig. Willensstärke, Energie, Härte und tadellose Lebensführung waren das Geheimnis für die Erfolge dieser Sportler. Um in dieses Geheimnis einzudringen, muß man ständig an sich arbeiten, die psychologischen Kräfte schulen, die Überzeugung zur Sache immer mehr festigen und die Physis stetig verbessern. Wenn es mir gelingen wird, diese Willensstärke aufzubringen, diese Energie zu sammeln, die Härte zu erkämpfen und eine Lebensführung wie die Rudolf Harbigs durchzusetzen, dann habe ich mein Ziel, ein guter Sportler zu sein, erreicht. Es ist ein schwerer Weg, der mich zu den Olympischen Spielen führen soll. Er wird noch sehr lang sein, und das Erreichen seiner hellen Gipfel wird in erster Linie von mir selbst abhängig sein."

Waldemar Cierpinski war 16 Jahre alt, als er diese hehren Sätze in einem Schulaufsatz niederschrieb. Damals war er im 3000-m-Lauf gerade zweitbester Schüler der damaligen DDR geworden. Sein Trainingstagebuch vermerkte bereits einen Kilometerstand von 65 000. Der kleine, schmächtige Kerl steckte voller Ehrgeiz. Sein Leitsatz damals: „Was mich nicht umbringt, macht mich nur noch härter." Und: „Ich will nicht Kreismeister, sondern Olympiasieger werden."

Zehn Jahre später erreichte Waldemar Cierpinski sein großes Ziel tatsächlich.

Als Jugendlicher freute er sich sehr, als man ihn in die Kinder- und Jugendsportschule nach Halle delegierte. Zum Spaß lief er manchmal 35 Kilometer – und mehr. „Jack Londons Romantitel *Ruf der Wildnis* fiel mir ein – und genauso fühlte ich es bei mir: Mich riefen die Straße, die Wege durch die Natur; und eine innere Stimme hetzte mich immer mehr auf, noch längere Distanzen anzugehen", erzählt er in seinem Buch *Meilenweit bis Marathon*.

Das ehrgeizige Talent entwickelte sich zum zähen Hindernisläufer. Nur knapp, um 2,2 Sekunden, verpaßte er 1972 die Olympianorm. Viele Athleten hätten jetzt vielleicht resigniert. Cierpinski nicht. Waldemar Cierpinski, genannte Waldi, verstand Rückschläge immer als Chance der Bewährung.

Waldi hatte an der Deutschen Hochschule für Körperkultur in Leipzig ein Sportstudium begonnen. Das, was er ohnehin schon praktizierte, verfolgte er jetzt mit wissenschaftlicher Akribie: Wie man Belastungen systematisch erhöhen kann.

Weil er auf mittleren Distanzen nichts werden konnte, wurde er Marathonläufer.

Montreal, 1976: Waldemar Cierpinski aus Halle strebt dem Olympiasieg entgegen. Vier Jahre später kann er das Kunststück wiederholen.

Der olympische Marathon in Montreal war sein fünftes Rennen über die klassische Distanz. Nur vier Läufer hatten in diesem Jahr bessere Zeiten stehen als er. Cierpinski hoffte auf eine gute Plazierung hinter dem amerikanischen Favoriten Frank Shorter, der 1947 in München als Sohn eines Militärarztes in der Mc-Graw-Kaserne geboren und 25 Jahre später in einem heißen Rennen in seiner Geburtsstadt Olympiasieger wurde.

Waldi lief von Anfang an in der Spitzengruppe mit, in der neben Shorter vor allem noch der sechsfache Boston-Sieger Bill Rodgers, der Belgier Karel Lismont und der Finne Lasse Viren aufs Tempo drückten.

Kilometer 16, ein Verpflegungspunkt. Ehrfürchtig machte Cierpinski dem Finnen Viren, dem Doppel-Olympiasieger von München, Platz und stolperte deswegen fast. Das sollte ihm bei der nächsten Station nicht wieder passieren. Waldi legte also einen Zwischenspurt ein. Und hatte plötzlich ein paar Meter Vorsprung. Keiner setzte nach. Nahmen sie ihn, den Außenseiter, nicht ernst? Langsam ließ er sich wieder zurückfallen.

Schon bei Kilometer 22 zog Frank Shorter einen seiner unwiderstehlichen Zwischenspurts an. Auf diese Weise hatte er bereits zehn Marathons gewonnen. Cierpinski setzte nach. Als einziger. Würde er sich übernehmen? Er war zuversichtlich, denn er hatte daheim diese Variante des Tempowechsels trainiert und damit neue Leistungsreserven erschlossen. Er fühlte sich Shorter gewachsen. Er lief sein äußerstes Tempo.

Er ist später oft danach gefragt worden, was man auf diesen 42,195 km so denkt. Reichlich Zeit dafür ist ja. „Auf diesen Metern, auf denen ich Shorter hinterherjagte, zogen in wenigen Augenblicken Jahre vor meinem geistigen Auge vorüber: die Kindheit auf dem Bauernhof, die Jugend, die Zeit auf der Kinder- und Jugendsportschule. Mir fiel ein, daß ich dafür beinahe als nicht geeignet angesehen worden wäre, da ich 15jährig nur 1,65 m maß, und ich war zwanzig, als es mit dem Wachsen nochmals richtig losging. Was wäre eigentlich aus dir geworden, wenn sie dich damals abgelehnt hätten? fragte ich mich und rannte und rannte. Dabei dachte ich im nächsten Moment an meine Frau Maritta, unseren kleinen Sohn André, an Freunde, die Eltern und die Geschwister.

Diese Sekunden waren die schwersten des Marathonlaufes, die härteste Prüfung in meinem bisherigen Leben. Die Erlebnisfetzen, die mir durch das Gehirn schossen, ballten sich aber zu einer Kraft. Ich wollte kämpfen, diesen Mann da vor mir einholen – ich wußte nur noch nicht wie... Keinen Gedanken verschwendete ich indes daran, daß ja gerade erst die Hälfte der Strecke hinter uns lag."

Qualvoll, Schritt für Schritt, Zentimeter für Zentimeter schloß Cierpinski zu Shorter auf. Die Verfolger liefen rund 40 Meter hinter dem Duo. Die beiden belauerten sich jetzt, musterten sich, überprüften heimlich die Lockerheit der Beinmuskulatur des Gegners. Cierpinski wollte dem erfahrenen Fuchs Shorter einheizen, ihn provozieren, übernahm bei Kilometer 30 die Spitze. In seinem Kopf hämmerte es. Er schien zu schwächeln. Shorter spürte das, er zog das Tempo gnadenlos an. Aber Waldi biß sich fest.

Noch acht Kilometer bis ins Ziel. Wieder ein Anstieg, und wieder zog Shorter spürbar an, gewann sofort ein paar Meter. Den Hügel hinab wollte er sich offenbar schonen. Waldi lief gleichmäßig sein Tempo weiter – und hatte plötzlich zwanzig Meter Vorsprung. Diese Phase des Rennens hatte er speziell trainiert, er war überzeugt, trotz des hohen Grades an Ermüdung am Ende noch einen ordentlichen Spurt hinlegen zu können. Sein Selbstvertrauen wuchs. Er ging weiterhin sein hohes Tempo, ganz gleichmäßig – und sein Vorsprung wuchs auf fünzig Meter.

Jetzt, bei Kilometer 38, durchfuhr ihn erstmals der Gedanke: Du kannst Olympiasieger werden!

Und er wurde Olympiasieger.

Heinz Florian Oertel, Reporter des DDR-Fernsehens, war völlig aus dem Häuschen. „Liebe Zuschauer daheim", jubelte er, „liebe Väter zu Hause, haben Sie Mut. Nennen Sie Ihre heute geborenen Söhne Waldemar!"

Ein paar Männer folgten seiner Empfehlung.

Vier Jahre später in Moskau wurde Waldemar Cierpinski noch ein zweites Mal Olympiasieger. Dieses Kunststück hatte und hat seither nur noch Abebe Bikila, sein großes Vorbild, fertiggebracht.

Alberto Salazar – Superstar

Er lief immer bis zum Umfallen. Als Alberto Salazar 1982 den Boston Marathon gewonnen hatte, mußte die Presse zunächst auf ihn warten. Alberto lag in einer Tiefgarage und hing am Tropf. Ein paar Jahre zuvor, beim Falmouth Roadrace, gaben sie ihm sogar schon die Sterbesakramente, während er in einer zum Eiskühler umfunktionierten Badewanne lag. In einem Hitzerennen hatte er sich total verausgabt.

Er sah blendend aus, dieser US-Boy, der aus Kuba kam. Nachdem er den New York Marathon dreimal hintereinander gewonnen und 1981 sogar die zwölf Jahre alte Weltbestzeit (2:08:13) geknackt hatte, rückte er zum ersten Marathon-Medienstar auf. Sein Name, schrieben Reporter, verführe zum Reimen: Alberto Salazar – Superstar – unschlagbar. Sein Finish war einfach Extraklasse.

Doch plötzlich lief gar nichts mehr. Lag es an seinem allzu harten Trainungspensum? Er absolvierte mehr als 140 Meilen pro Woche. Die Folge: Knieprobleme. Bei den Olympischen Spielen 1984 in Los Angeles wurde der heimliche Hoffnungsträger Alberto Salazar durchgereicht – nur ein enttäuschender Platz 15. Rätselhafte Krankheiten und Verletzungen setzten ihn immer wieder außer Gefecht. Sein Immunsystem habe einen Knacks bekommen, hieß es.

Er fühlte sich ständig müde und gestreßt. Er schlief schlecht. Er hatte ständig Durchfall. Er konnte sich kaum mehr zum Training aufraffen.

Er wurde depressiv.

Prozac, ein Antidepressivum, half Alberto Salazar wieder auf die Beine. Er fühlte sich endlich körperlich und seelisch besser, er konnte endlich wieder trainieren.

Im Frühjahr 1994 wagte er einen Startversuch beim Comrades Marathon in Südafrika, ausgerechnet also beim schwierigen, sehr welligen Ultramarathon (87 km). Doch Salazar, inzwischen 35, lief noch einmal zu Hochform auf. Er gewann völlig überraschend.

Schon keimte wieder Hoffnung bei seinen amerikanischen Fans, die er Anfang der 80er Jahre mit seinen Siegen so sehr verwöhnt hatte. Würde es auch ein Comeback von Alberto Salazar als Marathonläufer auf den klassischen Strecken in New York und Boston geben? Würde er vielleicht sogar die übermächtigen Kenianer, die Mexikaner, die Spanier in Schach halten können?

Nein.

Man hat bei ihm einen Virus namens Eppstein-Barr entdeckt, der für ein teilweises Versagen der Lungenfunktion verantwortlich ist. Er läuft heute täglich, aber höchstens 30 Minuten, und nicht schnell. „Wenn ich länger laufe, fühle ich mich schlecht", sagt Alberto Salazar, die lebende Legende.

„Nice Guy" der Nation: Der Amerikaner Alberto Salazar gewinnt den New York City Marathon gleich dreimal hintereinander (1980, 1981 und 1982, unser Foto). Heute repräsentiert Salazar die Firma Nike. Autor Ulrich Pramann traf ihn in New York.

2:09:28
SEIKO
FINISH
MA
PERRIER ★ KAPPA ★ H
ATHLETICS WEST
MANUFACTURERS
1
HANOVER
FINI

12
Krombacher

Ein neuer Rekord aus Berlins heiterem Himmel

Er kam aus dem Nichts. Selbst Experten wußten so gut wie nichts über den brasilianischen Läufer Ronaldo da Costa. Na gut, er hatte bereits einen Marathon zu Buche stehen. Wahrlich keine schlechte Zeit (2:09:07), die er bei seinem Debüt, dem Berlin-Marathon 1997, gelaufen war. Er wurde damit immerhin Fünfter. Aber in der Jahresweltrangliste lagen rund 30 Läufer mit schnelleren Zeiten vor ihm.

Berlin-Marathon '98. Diesmal hatte sich Ronaldo da Costa immerhin vorgenommen, den brasilianischen Rekord (2:08:26) seines Trainingspartners André Ramos zu jagen – nicht mehr, aber auch nicht weniger. Er hatte sich acht Wochen speziell vorbereitet. Sein Trainer Carlos Alberto Cavalhiero erklärte später das Grundprinzip: Da Costas Trainingseinheiten (Intervalle über drei, vier, fünf oder sechs Kilometer) weisen eine hohe Tempointensität auf, das Prinzip der Temposteigerung steht bei ihm immer oben an. Sein Trainingspensum: nur rund 200 Kilometer pro Woche, also deutlich weniger als andere Athleten, die teilweise bis zu 300 Kilometer abspulen. Seine längste Trainingsdistanz: 36 Kilometer.

Nach einer neuen Weltbestzeit sah es zunächst überhaupt nicht aus. Das Tempo, das die Hasen bestimmten, ging da Costa nicht mit. Bei der Hälfte der Distanz zeigte seine Uhr 64:23 Minuten. „Okay, dann mußte ich eben die zweite Hälfte etwas schneller laufen", sagte der Läufer mit dem sonnigen Gemüt später lapidar.

Marathon-Chef Horst Milde hatte dem jungen Brasilianer die unscheinbare Startnummer 12 zugeteilt. Tatsächlich forcierte der Mann mit dem Nasenpflaster nun sein Tempo. Und wie! Welche Reserven in ihm steckten! Bei Kilometer 30 lag er nur noch 21 Sekunden hinter der vergleichbaren Zwischenzeit, die der Äthiopier Belayneh Dinsamo zehn Jahre zuvor bei seinem Rekordlauf in Rotterdam aufgestellt hatte. Bei Kilometer 35 lag da Costa schon knapp vor der Rekorddurchgangszeit. Und bei Kilometer 40 konnte er das Polster gar auf 25 Sekunden ausbauen.

Im Ziel hatte Ronaldo da Costa die alte Bestmarke um fabelhafte 45 Sekunden unterboten: 2:06:05 Stunden. Er schlug drei Räder und tanzte Samba mit jedem, der ihm in die Quere kam.

Wie ist das möglich, daß ein unbedarfter Läufer quasi auf Anhieb die zehn Jahre alte Rekordmarke im Vorbeigehen so deutlich unterbietet, staunte das Fachmagazin *Runner's World* – und lieferte auch gleich die Antwort. Da Costa, ein unbekümmerter Kerl, zeigte wenig Respekt vor der Strecke. Er kannte sie ja schon. Er lief außerdem sehr verhalten auf der ersten Hälfte der Distanz, ganz im Gegensatz zu allen bisherigen schnellen Marathons in London, Chicago oder Rotterdam, bei denen Läufer den Weltrekord ins Visier genommen halten.

Bei allen Rekordversuchen setzte regelmäßig nach 30 bis 35 Kilometern das „große Sterben" ein.

Ronaldo da Costa aber lief vollkommen unverhofft einem großen Triumph entgegen.

Die Entwicklung der Weltbestzeit

1908 London	*John Hayes, USA*	*2:55:18*
1909 Yankers	*Robert Fowler, USA*	*2:52:45*
1909 New York	*Jim Clark, USA*	*2:46:52*
1909 New York	*Albert Raines, USA*	*2:46:04*
1909 London	*Henry Barret, GB*	*2:42:31*
1909 Stockholm	*T. Johannsson, SWE*	*2:40:34*
1913 London	*Harry Green, GB*	*2:38:16*
1913 London	*Alexis Ahlgren, SWE*	*2:36:06*
1920 Antwerpen	*H. Kolehmainen, FIN*	*2:32:35*
1925 Port Chester	*Alb. Michelson, USA*	*2:29:01*
1935 Tokio	*Fusahige Suzuki, JPN*	*2:27:49*
1935 Tokio	*Yasuo Ikenada, JPN*	*2:26:44*
1935 Tokio	*Son Kee Chung, KOR*	*2:26:42*
1947 Boston	*Yon Bok Soh, KOR*	*2:25:39*
1952 Chiswick	*Jim Peters, GB*	*2:20:42*
1953 Chiswick	*Peters*	*2:18:40*
1953 Turku	*Peters*	*2:18:34*
1954 Chiswick	*Peters*	*2:17:39*
1956 Stockholm	*Sergej Popov,UdSSR*	*2:15:17*
1960 Rom	*Abebe Bikila, ETH*	*2:15:16*
1963 Beppu	*Toru Teraswa, JPN*	*2:15:15*
1963 Chiswick	*Buddy Edelen, USA*	*2:14:28*
1964 Chiswick	*Basil Heatley, GB*	*2:13:55*
1964 Tokio	*Bikila*	*2:12:11*
1965 Chiswick	*M. Shigematsu, JPN*	*2:12:00*
1967 Fukuoka	*Derek Clayton, AUS*	*2:09:36*
1969 Antwerpen	*Clayton*	*2:08:33*
1981 New York	*Alberto Salazar, USA*	*2:08:13**
1981 Fukuoka	*Rob de Castella, AUS*	*2:08:18*
1984 Chicago	*Steve Jones, GB*	*2:08:05*
1985 Rotterdam	*Carlos Lopez, POR*	*2:07:12*
1988 Rotterdam	*Belayn Densimo, ETH*	*2:06:50*
1998 Berlin	*Ronaldo da Costa, BRA*	*2:06:05*

** Die Strecke wurde nachgemessen, sie war 148 m zu kurz. Übrigens: Keine der Strecken vor 1981 wurde nach den seither üblichen strengen Kriterien vermessen.*

Berlin, 20. September 1998: Der Brasilianer Ronaldo da Costa kann es noch nicht glauben, aber er ist unterwegs zu einer neuen Weltbestzeit. Dabei wollte er beim Berlin-Marathon bloß seinen Landesrekord (2:08:26) brechen. Im Ziel ist Ronaldo aber über zwei Minuten schneller.

Die Amazonen

Ihr Name war Melpomene. Doch viel mehr als der schöne Name ist über sie nicht bekannt. Nur, daß sie die erste Marathonläuferin gewesen ist – oder doch nicht?

Melpomene bewarb sich beim ersten olympischen Marathonlauf, der für den 10. April 1896 angesetzt worden war. Doch die Organisatoren ließen sie abblitzen. Schließlich blieben Frauen bei den antiken Spielen prinzipiell ausgeschlossen. Da machte sich die leidenschaftliche Frau alleine auf die schwere Strecke. Schon Anfang Februar war das, also acht Wochen vor dem offiziellen Start des olympischen Rennens. Zwei Radfahrer sollen sie begleitet haben. Sie brauchte 4:30 Stunden bis ins Ziel. Oder waren es 4:41 Stunden? Es gibt unterschiedliche Quellen mit unterschiedlichen Zeiten. Ach so, nach gut der Hälfte der Strecke machte Melpomene zehn Minuten Pause, um sich mit Orangen zu stärken.

Wahr oder nur gut erfunden?

Manche Sporthistoriker glauben, die Marathon-Geschichte der Melpomene stehe auf etwas wackeligen Beinen. Weil über die Frau nichts weiter bekannt ist als ihr Name. Weil die ganz ordentliche Laufzeit für eine Untrainierte eher unwahrscheinlich ist. Vor allem aber, weil der Name der Dame Skepsis weckt. Melpomene – so heißt nämlich in der griechischen Mythologie eine der Musen, und zwar die Muse der Tragödie.

Immerhin findet sich in der Zeitschrift *Sport im Bild* (vom 27. März 1896) ein kleiner Bericht über Melpomenes Solo, der sich wiederum auf eine Beilage im *Messager d'Athenènes* beruft.

Die Marathon-Mama

Aus demselben Jahr wurde ein weiterer femininer Marathonlauf bekannt. Eine 35jährige Griechin, Mutter von sieben Kindern, lief die Distanz einen Tag nach dem olympischen Rennen. Sie hieß Stamathia Rovithi oder Stamasia Potris – auch hier finden sich unterschiedliche historische Quellen. Jedenfalls startete sie morgens um 8 Uhr. Wir wissen das, weil sie sich ihren Start vom Bürgermeister, dem Ortsrichter und einem Lehrer in Marathon schriftlich bestätigen ließ („8 Uhr weggegangen").

Sie erreichte das Olympiastadion in Athen um 13 Uhr 30. Das wiederum wissen wir, weil Stamathia zwei Soldaten angesprochen hat, um sich von ihnen die Ankunftszeit schriftlich geben zu lassen. So berichtete die Athener Zeitung *Asti*. Der Chronist zitierte die Läuferin, daß sie durchaus noch ein bißchen schneller hätte sein können – wenn sie nicht so oft gestoppt hätte, um sich immer wieder mal ein Schaufenster anzusehen.

Stamathias ungewöhnliche Leistung sprach sich in Athen schnell herum. Der Generalsekretär der Olympischen Spiele, Philemon Timoleon, empfing die Läuferin, ließ sich sogar ihre ramponierten Füße zeigen, blieb aber dennoch skeptisch. Eigentlich

Das Strahlen einer Siegerin: Die Berlinerin Uta Pippig gewinnt 1995 zum dritten Mal in ihrer Heimatstadt. Sie hat auch in Boston (dreimal) und New York gewonnen. Die Sympathieträgerin wurde 1998 wegen Doping-Vorwürfen aus der Bahn geworfen.

NIKE
Spielbank Berlin
im Europa-Center
BERLIN MARATHON 1995
F1
Berliner Kindl
SCC
adidas
Spielbank Berlin
im Europa-Center

wollte Stamathia Rovithi auf sich und ihr schweres soziales Schicksal aufmerksam machen. „Das soll der König wissen, damit er mir für eines meiner Kinder eine Lehrstelle gibt." Ob sie mit diesem Begehr Erfolg hatte, ist nicht überliefert.

Fest steht: Es sollten noch 88 Jahre vergehen, ehe der Marathonlauf für Frauen als Wettkampf offiziell ins olympische Programm aufgenommen wurde. Erst 1984 in Los Angeles war es endlich soweit.

Die ersten Gaudi-Läuferinnen

Wenn Frauen liefen, lief das jahrzehntelang mehr oder weniger auf eine Gaudi für Männer hinaus. Eine Reportage aus dem Jahr 1904 über ein „Damen-Wettlaufen" im Sportpark zu Treptow – Distanz: 400 Meter, Preisgeld: 150 Mark – macht das deutlich:

„Siebzig Laufmädchen fanden sich mit frischem Wagemut und fast durchweg augenscheinlich leicht beschwingten Sohlen am Start zusammen. Sie trugen weiße und farbige, fuß- bis kniefreie Sportkostüme, zwei von ihnen Pumphosen... Einige der Wettläuferinnen stolperten und fielen, ohne sich erfreulicherweise ernstlich zu beschädigen. Anderen ging bald die Puste aus, und nur eine immerhin ansehnliche Minderheit zeigte sich, wohl infolge fleißigen Trainings, der Aufgabe gewachsen. Aber fast durchweg vermißte man jene weibliche Anmut, die bei Gartenspielen, wie beim Fanchon-Zweck und Lawn-Tennis, so berückend auf das ganze starke Geschlecht zu wirken pflegt. Ohne weiteres ließ sich erkennen, daß das Damen-Wettlaufen zur Hebung der Grazie nicht das rechte Mittel ist.

Dem Publikum machte die Sache indes ersichtliches Vergnügen. Manchen reizte es auch zum Ulken, wenn er sah, wie die Rennmädchen sich so eilfertig zum Siege abhetzten..."

Im Jahrbuch der Turnkunst 1924 findet sich diese Warnung: „Verwerfung des Langstreckenlaufes, Vorsicht bereits bei Läufen über mittlere Strecken". Vor allem in der Öffentlichkeit wurde damals die sportliche Bestätigung der Mädchen als unästhetisch abgelehnt. Und 1927 verbieten die deutschen Bischöfe die Beteiligung an einem Frauenturnfest in Neuburg an der Donau: „Die Staffeln durch das Innere von Städten sind an sich höchst

Rotterdam, 1998: Tegla Loroupe (Startnummer F001), Lauffloh aus Kenia, 152 cm klein, 39 Kilo leicht, unterbietet die 13 Jahre alte Marathonbestmarke um 19 Sekunden. Zwei Landsleute hatten für sie als „Hasen" nützliche Schrittmacherdienste übernommen.

überflüssig, sie dienen der Gesundheit ganz bestimmt nicht. Dazu kommt, daß der Anblick der abgekämpften Läufer und Läuferinnen, die in aller Öffentlichkeit sich den Schweiß vom Oberkörper wischen, nicht gerade sonntäglich und ästhetisch zu nennen ist..."

Der Leichtathlet und Sportführer Karl Ritter von Halt vertrat Ende der 30er Jahre die offizielle Meinung: „Sport ist Kampf." Und Kampf verzerre die natürliche Anmut des „Mädchenantlitzes" und führe zur Vermännlichung der Frau. Er stand nicht allein mit dieser Auffassung: Kampf „läßt die Grazie verschwinden, mit der das Weib sonst gewohnt ist, alle Bewegungen auszuführen. Mit einem Wort, er wirkt beim Weib unschön. Der Kampf gebürt dem Mann, der Natur des Weibes ist er wesensfremd", schrieb ein gleichgesinnter Zeitgenosse.

Noch 1956 verfaßte der Frauenarzt Heinrich Martius einen Beitrag für *Das kleine Frauenbuch*: „Es widerspricht der Würde der Frauen, wenn sie mit verkrampften Gesichtern und Gliedmaßen sportliche Rekorde sich aufzustellen bemühen und den Männern in den in Dezimalzahlen von Metern und Minuten ausgedrückten Rekorden nachzueifern trachten. Für einen solchen Konkurrenzkampf sollten die Frauen zu stolz sein."

Der mißratene Auftritt bei Olympia

Immerhin, die Männer des Internationalen Olympischen Komitees (IOC) ließen im Jahre 1928 erstmals bei den Olympischen Spielen in Amsterdam Wettkämpfe für Frauen zu. Die Königsdisziplin Leichtathletik war mit fünf Wettbewerben (100 m, 4 x 100-m-Staffel, Hochsprung, Diskus und 800-Meter-Lauf) vertreten. Doch bei der längsten Strecke kam es prompt zum Eklat. Zwar drehte die Siegerin, Lina Radke-Batschauer aus Karlsruhe, ihre beiden Stadionrunden in schneller und vorbildlicher Manier. Sie wurde souverän die erste deutsche Olympiasiegerin und stellte sogar einen neuen Weltrekord (2:16,8 Min.) auf. Doch was für ein Bild boten die übrigen Finalistinnen: Sie gaben sich voll aus, sie torkelten teilweise über Ziellinie, sie sanken erschöpft zu Boden – ähnlich wie man das von den Männern kannte. Hektisch eilten Sanitäter und Ärzte herbei.

Anders als bei männlicher Erschöpfung erregte sich die Öffentlichkeit, eine empörte, entrüstete, leidenschaftliche Diskussion kam in Gang. IOC-Mitglieder entsetzten sich über diese „unweibliche Vorstellung". Und am Ende wurde die 800-Meter-Distanz für Frauen, die man als zu lang, zu anstrengend betrachtete, wieder aus dem olympischen Programm gestrichen (übrigens bis 1960).

Schüchterne Marathon-Versuche

„Die ersten 70 Jahre Frauenmarathon lassen sich in einem Absatz zusammenfassen", monierte der Autor Tom Derderian, der über den Lauf-Klassiker Boston Marathon (*The History of the World's Premier Running Event*) einen kurzweiligen 600-Seiten-Wälzer verfaßt hat. Stimmt. Bis Mitte der 60er Jahre waren bloß eine Handvoll Frauen bekannt, die in Frankreich (Marie Ledru, 1918), in England (Violet Piercy, 1926; Dale Grieg, 1964) und Neuseeland (Mildred Sampson, 1964) einen Marathon mitgelaufen waren.

Beim Boston Marathon, dem ältesten Stadtmarathon der Welt, durften Frauen offiziell ohnehin nicht starten. Und dann passierte im Februar 1966 das Unglaubliche: Da forderte doch tatsächlich eine gewisse Roberta Louise Gibb die Startunterlagen an. Organisator Jock Semple schrieb zurück, daß es Frauen leider untersagt ist, eine längere Distanz als eineinhalb Meilen zu laufen.

„Ich war wie vor den Kopf gestoßen, ich war ärgerlich und gekränkt. Ich hatte dieses Gefühl, daß du nicht die sein darfst, die du bist, und nicht tun darfst, was du willst – nur weil du eine Frau bist", erzählte Roberta Gibb später. Das kalifornische Girl, 24 Jahre jung, blond, attraktiv, bestieg dennoch einen Greyhound-Bus und fuhr zum Rennen nach Boston. Sie war vier Tage und drei Nächte unterwegs. Beim Start versteckte sie ihre blonde Mähne unter der Kapuze ihres Trainingsanzugs und schmuggelte sich ins Starterfeld. Allein unter Männern. Unterwegs hörte sie Männer fragen: „Läuft da etwa eine Frau?"

Und einen hörte sie sagen: „Wow, ich wünschte, meine Frau würde auch laufen."

Roberta Gibb lief stumm ihr Rennen. Sie schaffte tatsächlich ihren ersten Marathon, sie kam mit einer Zeit von 3:21:40 Stunden ins Ziel – eine respektable Zeit für jeden Debütanten. Im Ziel gab man ihr eine Decke, und der Gouverneur von Massachusetts schüttelte ihre Hand.

Die Entwicklung der Frauen-Weltbestzeit

1918	*Marie-Louise Ledru, FRA*	*4:20*
1926	*Violet Piercy, GB*	*3:40:22*
1964	*Dale Grieg, GB*	*3:27:45*
1964	*Millie Sampson, NSL*	*3:19:33*
1967	*Maureen Wilton, CAN*	*3:15:23*
1967	*Anni-Pede-Erdkampf, D*	*3:07:26*
1970	*Caroline Walker, USA*	*3:02:53*
1971	*Beth Bonner, USA*	*2:55:22*
1971	*Adrienne Beames, AUS*	*2:46:30*
1974	*Chantal Langlace, FRA*	*2:46:24*
1974	*Jackie Hansen, USA*	*2:43:54*
1975	*Liane Winter, D*	*2:42:24*
1975	*Christa Valensieck, D*	*2:40:16*
1975	*Jackie Hansen, USA*	*2:38:19*
1977	*Chantal Langlace, FRA*	*2:35:15*
1977	*Christa Valensieck, D*	*2:34:47*
1978	*Grete Waitz, NOR*	*2:32:30*
1979	*Grete Waitz, NOR*	*2:27:33*
1980	*Grete Waitz, NOR*	*2:25:41*
1983	*Grete Waitz, NOR*	*2:25:29*
1983	*Joan Benoit, USA*	*2:22:43*
1985	*Ingrid Kristiansen, NOR*	*2:21:06*
1998	*Tegla Loroupe, KEN*	*2:20:47*

„Marathon – das ist meine einzige Geliebte. Ich gebe ihr alles, was ich zu geben habe."

Toshihiko Seko, Marathonsiegerin Boston, London, Chicago, Tokio, Fukuoka (viermal)

Boston, 1967: Die 20jährige Katherine Switzer hat sich in die Männerdomäne Marathon gemischt. Ordner versuchen, sie aus dem Rennen zu drängen. Doch Kathy behauptet sich. Heute wird ihre freche Tat als Pionierleistung gesehen.

Die Organisatoren von der Boston Athletic Association verweigerten allerdings die Anerkennung ihres guten Laufes. Warum? Weil sie keine Startnummer getragen hatte. Man behauptete steif und fest, es hätte kein weibliches Wesen teilgenommen – räumte aber ein, daß eine Bobbi Gibb zur Zeit des Rennens dieselbe Strecke benutzt hatte wie die Männer. Hinterher erklärte Roberta: „Ich wollte Boston nicht laufen, um zu provozieren. Ich habe mich nun mal in den Marathon verliebt." Auch in den nächsten beiden Jahren nahm sie inoffiziell teil und erreichte jeweils das Ziel.

Der Skandal von Boston

Im Jahr 1967 erlebte der Boston Marathon einen großen Skandal – und der sollte zum entscheidenden Vorstoß der Frauen in die männliche Marathon-Domäne führen. Treibende Kraft war die 20jährige Kathrine Switzer aus Syracuse, die sich unter dem neutralen Namen K.V. Switzer registrieren ließ und auch eine Startnummer (261) bekam. Doch dann erschien sie vollkommen ungetarnt – grauer Sweater, lange Mähne –, ging also für jeden als Frau erkennbar auf die Strecke.

Sie lief lächelnd und winkte den Zuschauern zu. „Mir war nicht klar, daß ich etwas Schlimmes tat, nur weil ich in einem Männerrennen dabei war." Vorsorglich hatte Kathy drei kräftige Begleiter um sich, darunter auch ihren Freund, den Hammerwerfer Thomas Miller.

Den brauchte sie auch. Denn nach ungefähr sieben Kilometern wollten sie Renndirektor Will Cloney und Jock Semple aus dem Rennen nehmen, ihr die Startnummer abreißen. Cloney schrie: „Raus aus meinem Rennen!", und Jock schubste und zerrte an der jungen Frau. Aber Hammerwerfer Miller hielt dagegen und bugsierte die rabiaten Funktionäre aus dem Weg.

Zufällig war der Fotograf Harry Trask zur Stelle. Er drückte mehrmals auf den Auslöser. Seine Fotos gingen um die Welt. Sie kamen auf viele Titelseiten, sie waren plötzlich anschauliche Dokumente für das überholte Denken sturköpfiger Sportfunktionäre. Die Bilder lösten eine nationale und internationale Diskussion aus. Wer weiß, ob sich die Türen für die Marathonfrauen so schnell, so weit geöffnet hätten ohne diesen spektakulären Zwischenfall? Sicher nicht.

Seit 1972 sind Frauen auch in Boston offiziell zugelassen.

Grete Waitz: die Königin des Marathons

„Beim Marathon passieren keine Wunder, Marathon ist ein sehr reales Ereignis. Was bei einem Marathon herauskommt, ist das direkte Resultat von dem, was du hineingegeben hast", meint Grete Waitz. Sie muß es wissen. Die gertenschlanke Lehrerin aus Norwegen war ein Jahrzehnt lang eine Königin des Marathons. Sie verbesserte viermal die Weltbestzeit. Sie wurde 1983 die erste Weltmeisterin. Und: Sie gewann neunmal den New York Marathon.

Das erste Mal im Jahre 1978. Es war ihr erster Start bei einem Marathon. Bis dahin war sie eine erfolgreiche Mittelstrecklerin, sie wurde 1974 Europameisterschafts-Dritte über 1500 Meter, sie war 1975 die Beste über 3000 Meter, verfehlte aber den olympischen Endlauf. Eine Riesenenttäuschung. Für sie – und noch mehr für die norwegischen Medien, die ihr Versagen vorwarfen. Fast hätte Grete deshalb vorzeitig ihre Karriere beendet.

Sie lief weiter, weil Laufen ihre Leidenschaft war. Im März 1978 gewann sie ihre erste von fünf Cross-Weltmeisterschaften. An Marathon hatte Grete Waitz nie gedacht. Sie war nie mehr als sechzehn Kilometer am Stück gelaufen.

Da kam plötzlich eine Einladung zum New York City Marathon. Veranstalter Fred Lebow wollte die flinke Grete gewissermaßen als flotten Hasen verpflichten, also als Tempomacherin für die besten Frauen. Grete Waitz flog ohne sportliche Illusionen nach New York, gemeinsam mit Ehemann Jack. Warum dann? Weil sie Big Apple noch nicht kannte und weil sie wohl auch nie wieder so günstig hinkäme.

Ihr erster Marathon. Da stand sie nun, sie, die Startnummer 1173, zusammen mit 9874 anderen Läufern (darunter 938 Frauen) auf der windigen Verrazano Bridge und wartete auf den Start. Und lief drauflos. Sie lief ihr Renntempo und wollte dieses Tempo solange wie möglich halten. Nach nicht mal einer Stunde lief Grete Waitz in für sie unbekanntes Terrain. In Höhe der Queensboro Bridge dachte sie, naja, nicht mehr weit bis zum

Helsinki, 1983: Grete Waitz aus Norwegen bei der ersten Marathon-Weltmeisterschaft. Sie siegt überlegen (2:28:09). Jahrelang beherrscht sie die Szene. Den New York City Marathon kann sie neunmal gewinnen.

SWISS TIMING
289

USA
LA84

Ziel. Aber es waren noch 16 Kilometer. Bei jedem Baum, den sie sah, dachte sie hoffnungsvoll, jetzt kann der Central Park nicht mehr weit sein. Sie lief stur weiter. Ihre Muskulatur krampfte, weil sie unterwegs nicht genug trank. Aber sie lief weiter – und hielt durch. Und sie hielt ihr Tempo, bis zum Schluß. Keine Konkurrentin konnte ihr folgen. Sie gewann mit neun Minuten Vorsprung – und stellte eine neue Weltbestzeit (2:32:20) auf.

„Wer ist Nummer 1173?" fragten die Leute um sie herum. „Who to hell is Grete Waitz?"

In ihrer Biographie erinnert sich Grete: „Ich konnte sogar hören, wie diese Frage über Lautsprecher gestellt wurde. Das war meine Startnummer, und ich muß jetzt noch lachen, wenn ich daran denke, wie ich von einem zum anderen ging und erzählte, wer ich war und woher ich kam. Das war das erste und das letzte Mal, daß ich eine derart hohe Startnummer trug und eine derartige Frage hörte."

Ihr erster spontaner Kommentar unterscheidet sich nicht von dem, was die meisten nach dem ersten Mal sagen: „Nie wieder Marathon!"

Grete Waitz startete doch immer wieder und gewann noch achtmal diesen spektakulärsten Marathon in der aufregendsten Stadt der Welt. Bürgermeister Ed Koch nannte sie eine „New Yorkerin durch Adoption".

„Gott hat mir ein Talent gegeben. Ich habe die Chance genutzt, und mein Talent genutzt. Erst fühlte ich mich verlegen über soviel Kredit für mich. Aber dann habe ich getan, was ich sehr gerne tue, was ich liebe."

Grete meint: Laufen.

Sie ist immer gelaufen, „weil es mir einfach Spaß macht". Am Anfang ihrer Ära war noch nicht viel Geld im Spiel; es war so gut wie nichts, verglichen mit den heutigen Verhältnissen. Preisgeld für ihren ersten Sieg in New York: 20 Dollar – fürs Taxi zurück ins Hotel. Später spendierten Sponsoren als Siegprämie Autos.

Viele Jahre lang bestand das Leben der Grete Waitz nur aus Essen, Schlafen und Training. Sie wollte die Beste sein. Wer im Marathon Weltspitze sein will, muß diszipliniert sein, muß geduldig sein, muß hart sein – besonders hart gegen sich selbst.

„Ein Marathon ist lehrreich, weil er so schwierig ist. Marathon muß ein Ziel sein, das man wirklich erreichen will. Ziele sind immer wichtig, aber sie sind nur nützlich, wenn du an sie mit vollem Herzen glaubst und dich damit identifiziert. Du mußt dir deine Ziele selbst setzen und nur für dich selbst. Egal, ob es um deine Fitneß geht, um Gewichtsverlust oder um Resultate im Wettkampf – du solltest es nicht machen, um deinen Partner oder Trainer zu beeindrucken. Du wirst nur Erfolg haben, wenn du es wirklich willst", schreibt Grete Waitz in ihrem Fitneß-Buch *On the Run*, in dem sie besonders die sehr beschäftigten Menschen motivieren möchte.

„Stimmt es denn nicht, daß all die Sachen, die uns am meisten Spaß und Befriedigung bringen, das Resultat von harter Arbeit sind?"

Grete Waitz wurde für Millionen Frauen zu einem Vorbild, sie brachte Hunderttausende zum Laufen. Und 1992 auch einen besonderen Mann: Fred Lebow. Sie wollte dem Gründer, Motor und Direktor des New York City Marathon so etwas wie eine letzte Ehre erweisen. Denn die Ärzte hatten bei ihm Gehirnkrebs diagnostiziert. Er hatte monatelange Torturen mit Bestrahlungen und Chemotherapie hinter sich. Nichts wünschte sich Fred mehr, als vor seinem Sterben endlich auch einmal seinen Marathon zu laufen.

Grete Waitz trainierte mit ihm. Sie trat mit ihm zum Rennen an und wich unterwegs nicht von seiner Seite, obwohl Fred ein ziemlich langsames Fünf-Stunden-Tempo lief. Millionen Menschen am Straßenrand waren auf dem laufenden, was Freds schweres Schicksal betraf. Sie drückten ihren Respekt aus, sie applaudierten, sie riefen ermunternde Worte. Und so erlebten Fred und Grete ergreifende Momente, nicht nur, als sie gemeinsam die Ziellinie im Central Park erreichten. Schon Meilen vor dem Finish weinten beide Tränen der Ergriffenheit und des Glücks. Im Ziel strahlte Fred: „Es ist egal, ob ich noch ein, zwei oder zehn Jahre lebe. Hauptsache, ich habe diesen meinen Marathon noch erlebt."

„Ich wußte gar nicht, daß ich so sehr emotional sein kann", sagte die Athletin, die sonst oft so kühl und kontrolliert, so beherrscht schien.

Fred Lebow starb am 9. Oktober 1994.

Los Angeles, 1984: Zum ersten Mal in der Geschichte der Olympischen Spiele gehen auch die Frauen über die mörderische Marathondistanz. Die Amerikanerin Joan Benoit gewinnt (2:24:52) vor der Favoritin Grete Waitz und Rosa Mota aus Portugal.

Joan Benoit: die erste Olympiasiegerin

Von der Frau, die 1896 den ersten Olympia-Marathon lief, wissen wir so gut wie nichts. Über die Gefühle und Gedanken der ersten Marathon-Olympiasiegerin (1984) ist glücklicherweise sehr viel mehr bekannt. Denn die Amerikanerin Joan Benoit, Labortechnikerin beim Sporthersteller Nike, hat über ihr erfolgreiches Leben und den Höhepunkt in Los Angeles natürlich ein Buch veröffentlicht: *Running Tide*.

Am Tag vor dem ersten olympischen Rennen mußte Joan Benoit ungefähr jede Stunde einmal aufs Klo. Sie konnte nicht schlafen. Sie lag im Bett und lauschte dem Walkman, immer wieder die stimulierende Vangelis-Filmmusik *Chariots of Fire*. Dann schlief sie doch noch eine Stunde. Sie träumte. Sie träumte, sie wäre in einem Kaufhaus eingeschlossen und man hätte sie vergessen.

Sonntag, 5. August 1984. Kein Detail dieses Tages wird Joan Benoit jemals vergessen. Wie sie immer noch von ihrem Magen traktiert wurde. Wie Offizielle die 50 Marathonläuferinnen aus 28 Ländern morgens kurz vor acht Uhr ins Stadion führten und wie sie alphabetisch nach Ländern und Größe geordnet wurden. Wie sie, die Kleinste, am Ende der Gruppe stand. Und wie ihr ein Satz ihrer Mutter einfiel: „Die ersten werden die letzten sein und die letzten die ersten." Und das Flaggen geschwungen wurden und sie sich sorgte, nochmal aufs Klo zu müssen. Und wie sie sich eine weiße Kappe auf ihren Kopf setzte, weil sie sich vor der Hitze schützen wollte.

Und dann hat sie bloß noch fragmentarische Erinnerungen. Wie sie die ersten fünf Kilometer mit den anderen im Pulk lief. Und wie sie sich dann an die Spitze setzte, weil sie ihr eigenes Rennen im eigenen Tempo laufen wollte. Wie sie als einzige die erste Wasserstation ausließ. Und wie sie sich wunderte, als ihr keine mehr folgte. Weder Grete Waitz oder Ingrid Kristiansen noch Rosa Mota aus Portugal. Es schien wie im Traum: Sie lief ihr Rennen, es lief gut für sie in diesem olympischen Marathon, und keine andere Konkurrentin leistete ernsten Widerstand. Der Vorsprung wuchs von Kilometer zu Kilometer.

Sie war allein. Da war nur ein offizielles Auto vorneweg, die Zuschauer standen zeitweise sehr spärlich. Joan konzentrierte sich auf ihre Schritte; sie zweifelte unterwegs, ob sie vielleicht zu

„In meinen ersten Trainingsjahren schämte ich mich beim Laufen. Immer wenn mich Autos überholten, tat ich so, als würde ich Blumen pflücken.“

Joan Benoit, Marathon-Olympiasiegerin 1984

forsch und zu schnell an die Spitze gelaufen wäre. Und als sie Kilometer 30 und schließlich 33 erreichte, fühlte sie sich in totaler Kontrolle. Sie hoffte, nein, sie wußte, sie würde ihr Tempo durchhalten können.

Als sich die Sonne zeigte, stiegen merklich die Temperaturen, aber das störte sie nicht. Läufer erzählen gerne von ihrem besten Rennen, in dem alles ganz leicht fällt. Für Joan Benoit war der olympische Marathon so ein Rennen. Es lief wie von selbst.

Nicht weit vom Ziel entfernt sah sie sich selbst. Ihr Arbeitgeber Nike hatte ein gewaltiges, überlebensgroßes Bild an eine Hauswand malen lassen: Joan Benoit bei ihrem fulminanten Boston-Sieg 1983.

Und dann war da schon bald der Tunnel, der ins Memorial Colisseum führte.

Ihre Mutter sagte später, Joan hätte, als sie ins Olympiastadion einlief, wie eine kleine graue Maus ausgesehen, die sich schüchtern aus ihrem Loch wagt. Die Tochter hatte in diesem großen Moment ganz andere Gedanken. Sie wußte: „Jetzt ändert sich dein ganzes Leben.“

Ihre Beine fühlten sich wie Gummi an. Sie senkte ihren Kopf und sprach zu sich: „Noch bist du nicht im Ziel, lauf erst noch diese eine Runde!“ Aber natürlich war sie durch. Auf den letzten 200 Metern winkte sie fröhlich und befreite sich von ihrem Käppi. Kurz vor dem Ziel reichte man ihr eine Flagge mit Stars and Stripes, und das Publikum flippte fast aus, als ihre zierliche Landsfrau Joan Benoit die letzten Meter ins Ziel lief – mit einer klasse Zeit (2:24:52), fast eineinhalb Minuten vor Grete Waitz.

Das wankende Beispiel

Im Halb-Minuten-Takt kam eine nach der anderen aus dem Tunnel und lief ins sonnenüberflutete Stadion hinein. Jede Athletin wurde von 50 000 begeisterten Zuschauern euphorisch empfangen. Nach Grete Waitz trommelte Rosa Mota herein, mit kurzen, schnellen Schritten. Und dann Ingrid Kristiansen. Und dann Lorraine Moller aus Neuseeland, als sechzehnte schließlich Charlotte Teske, die beste deutsche Teilnehmerin.

Sechzehn Minuten nach der Siegerin Joan Benoit hatte die Hälfte der Läuferinnen das Ziel erreicht. Und dann lief die Schweizerin Gabriela Andersen-Schiess ins Stadion.

Nein, sie lief nicht mehr wirklich, sie folgte nur noch ihren Instinkten. Das Unterbewußtsein schien ihrem malträtierten Körper zu befehlen: Weiter! Lauf weiter! Da ist doch gleich das Ziel. Los, weiter!

Auf Teufel komm raus wollte die großgewachsene Frau ihr großes Ziel, das Ziel dieses ersten olympischen Marathonlaufes, erreichen.

Was die Menschen im Stadion und die Millionen Menschen an den Fernsehapparaten in den nächsten sieben Minuten erlebten, war ein makabres Schauspiel. Es waren noch 500 Meter bis zur Ziellinie. Gabriela Andersen-Schiess quälte sich, Schritt für Schritt, sie schwankte vorwärts. Sie stakte, sie torkelte über die Tartanbahn, wie in Zeitlupe näherte sie sich dem Finish. Ihr Mund war aufgerissen. Ihre Bewegungen schienen spastisch. Ihr Körper mußte total dehydriert sein. Gleich würde sie kollabieren.

Ärzte wollten sich um sie kümmern. Sie wies die medizinischen Betreuer weg. Sie wollte das Ziel ohne fremde Hilfe erreichen.

Und tatsächlich, ihre krampfhaften Versuche führten sie zum Ziel.

In der olympischen Marathonstatistik von Los Angeles taucht Gabriela Andersen-Schiess unter ferner liefen auf, 37. Platz. Zeit: 2:48:42 Stunden. Doch ihr Name ist Synonym geworden für feminine Marathon-Quälerei; er steht seither für das Entsetzen über eine verrückte Anstrengung, aber auch für Bewunderung über eine nicht zu fassende Energieleistung.

Ein ganz normaler Trainingstag

Ein ganz normaler Trainingstag. Morgens um sieben fünf Kilometer, wie immer. „Lockeres Tempo“, zum Wachwerden. Vorher Stretching, zum Warmwerden. Hinterher wieder Stretching, zum Geschmeidigbleiben.

Mittags Massage. Nachmittags wieder Stretching. Außerdem steht ein 10-Kilometer-Lauf auf dem Trainingsplan. Abends drei Saunagänge.

Und am Vormittag der dickste Trainingsbrocken: 25 Kilometer. Wenn's gut läuft, vielleicht sogar 30. Und zwar in 2600 Meter Höhe, hinauf bis über 3000 Meter.

Höhentraining. Die Sportwissenschaft hat schon vor Jahren nachgewiesen, wie sich die Leistung durch Höhentraining (mindestens drei Wochen müssen es sein) verbessert. Erstens nimmt die Zahl der roten Blutkörperchen (Hämoglobin), die für den Transport des Sauerstoffs verantwortlich sind, zu. Zweitens verbessert sich die Lungenkapazität. Drittens bessert sich das Wohlbefinden bei Grenzbelastungen – keine Tempoangst mehr.

Wegen des Höhenklimas ist die Berlinerin Uta Pippig vor ein paar Jahren nach Boulder, Colorado, gezogen. Dort lebt und trainiert sie die Hälfte des Jahres, am Fuße der Rocky Mountains. Boulder liegt so hoch wie St. Moritz. Gerade mal eine halbe Stunde von ihrem Haus, die Serpentinen des Indian Peak hinauf, öffnet sich ein Hochtal mit dem lieblichen Namen Magnolia.

Das Tal des Schweißes und der Einsamkeit. Eine staubige Straße, die ständig ansteigt. Alle fünf Kilometer wird Dieter Hogen warten, ihr Trainer und Lebenspartner.

Diesmal schließen sich vier Athleten aus Kenia an, alle sind Spitzenläufer. Uta läuft voraus, eine gute Minute. Nach wenigen Kilometern müßten die Schwarzen sie eigentlich schlucken. Sie soll dann deren Tempo mitgehen – solange es geht.

Kilometer 12,5. Eigentlich der Wendepunkt. Uta läuft noch immer alleine. Es ist Februar, es ist kalt, dazu empfindlicher Wind. Es geht bergan. Sie läuft am Limit. Ihr Gesicht spricht Bände. Sie tut sich schwer, auch wenn ihr Schritt noch leicht wirkt.

Los Angeles, 1984: ein Bild des Jammers. Schwankend und quälend langsam nähert sich die Schweizerin Gabriela Andersen-Schiess dem Ziel. Sie ist völlig dehydriert.

Gruppenbild mit Trainingspartnern: Gemeinsam mit afrikanischen Athleten absolviert Uta Pippig ihr tägliches Laufpensum in der Hochlage von Boulder, Colorado. Trotz harten Trainings und eiskalter Temperaturen herrscht gute Stimmung.

„Wie geht's", ruft Hogen.

„Es geht", keucht sie.

„Leg fünf drauf", ruft Hogen.

Also werden es heute doch 30 Kilometer. Hogen fährt im Toyota Pathfinder voraus, nimmt Zeiten, ruft Uta Vergleichsdaten zu („fast eine drunter") oder Ermunterungen. Irgendwann wird sie dann doch vom schwarzen Quartett geschluckt, hängt sich tapfer dran, fast sechs Kilometer lang. Ein Höllentempo, bergab.

Uta Pippig: die Vorzeigeathletin

„Eine schöne Trainingseinheit", freut sich Uta am Ende. Auch Hogen ist zufrieden. Uta mißt ihren Puls. Kurze Pause. Dann noch sechs Steigerungsläufe, jeweils 100 Meter im Renntempo.

Daheim wird Uta Pippig das Pensum und ihr subjektives Gefühl („heute sehr locker") in ihrer Trainingskladde notieren. Eine normale Trainingswoche. Es kommen 220 Kilometer zusammen.

Wichtigstes Fundament für Spitzenleistungen ist intensives, kontrolliertes Training. Logisch, aber auch die Ernährung muß abgestimmt sein.

Sie frühstückt normal. Brötchen, Marmelade, Käse, Kaffee. Vor Belastungen Bananen. Viel trinken, vier Liter Mineralgetränk (*Basica*) täglich. Viel Reis und Fisch. Auch Bohnen und Bambussprossen. Kein Fleisch, außer Hühnchenbrust. Nachmittags belohnt sich Uta Pippig gerne mal mit Kuchen.

Da mümmelt und lümmelt sie also auf der Couch, während sie mit Lebenspartner Dieter Trainingsdetails beredet. Entspannte Atmosphäre. Sanfte Musik. Sie weiß, wenn sie sich noch steigern will, muß sie „nervlich fitter" werden. Deshalb sind ihr Harmonie und seelische Balance so wichtig. Hogen hält ihr allen Alltagskram vom Leibe. Nie geht sie ans Telefon. Sie probiert autogenes Training. Nach dem Lunch setzt sie sich „innerlich zur Ruhe". Will heißen: Ab ins Bett.

„Das Umfeld muß stimmen", sagt Uta. Hier in Boulder stimmt es. Die Bekannten: allesamt Athleten, die sich austauschen. Die Zeitungen honorieren Leistung. Nach ihrem Sieg 1993 in New York bejubelten sie Utas „Mutiges Hitzerennen". Mit ihrem Siegerlächeln und Kußhändchen auf den letzten Metern hatte sie sich in die Herzen der Amerikaner gelaufen. Die Vorzeigeathletin durfte mit Präsident Bill Clinton joggen gehen. Daheim in Deutschland, klagt sie, war anfangs fast nur von der 100 000-Dollar-Prämie die Rede. Doch mit jedem neuen Sieg (dreimal Boston, New York, dreimal Berlin) stieg die strahlende Berlinerin höher in den Olymp. „Auf dem umkämpften Markt des Spitzensports besetzt sie die Rolle der Reinen, Fröhlichen und Guten", schrieb der *stern* und würdigte Uta Pippig als „reizvolle Mischung aus teutonischer Zähigkeit und amerikanischer Lockerheit".

Vor dem Rennen

Der Countdown vor einem Rennen. Wochenlang konnte sich der Körper an die Belastung herantasten. 14 Tage vor einem Start eine harte Probe. Zweimal 35 Kilometer und ein 15-Kilometer-Lauf in Wettkampftempo. Fünf Tage vor dem Start schaufelt sie massenhaft Kohlenhydrate.

Am Tag vor dem Rennen bleibt sie einsam für sich. Morgens locker zehn Kilometer, Puls 106. Ihr Ruhepuls beträgt 45 Schläge pro Minute. Nachmittags läuft sie noch zweimal Trails. Abends viel Reis und Spaghetti ohne Soße, um den Magen zu schonen. Spätestens um 22 Uhr ins Bett. Als Betthupferl eine Tüte Gummibärchen. „Dann", sagt Uta Pippig, „bin ich richtig heiß."

Der Renntag. Vier Stunden vor dem Start ein Brötchen, Schwarztee, später noch Zwieback und eine Banane. Ein halbe Stunde vor dem Start Einlaufen, Stretching, Gymnastik. Und romantische Musik aus dem Walkman. „Dann ist die Lust da."

Das Rennen. Die ersten 20 Kilometer mitrollen. Kraft sparen. Möglichst im Windschatten laufen. Hogen arbeitete mit ihr an einem ökonomischeren Laufstil. Sie „trampelte" zu sehr, war mit dem Beinen zu sehr vor dem Körper. Jetzt trifft sie den Schwerpunkt besser. Sie atmet auch ruhiger. Mit hektischem Hecheln kann man bis zu 25 Prozent der Energie verballern, ergaben Untersuchungen.

Der Marathon beginnt eigentlich erst ab Kilometer 30. Wenn es zum toten Punkt kommt. Wenn die Energiedepots im Körper erschöpft sind. Wenn der Körper an seine Fettreserven ran muß. Wenn die Körperfunktionen überfordert sind. Wenn es für Psyche und Physis höllisch wird.

Jetzt hilft nur noch Härte, Herz und mentale Stärke. Bei ihren Siegen 1993/94 in New York und Boston hätte sie sich endlich clever verhalten, sagt Uta. Sie dachte nicht an den langen Weg bis ins Ziel, der noch vor ihr lag. Das hätte ihre Moral zerstört. Sie dachte nur von Schritt zu Schritt, von Meile zu Meile, von Brücke zu Brücke.

Sie dachte auch nicht mehr an die Gegnerinnen. Gut, die hatte sie die ganze Zeit im Auge. Aber sie ließ sich auf kein taktisches Geplänkel ein, Ausreißversuche wollte sie nicht mitmachen. Sie lief ihr eigenes Rennen. „Nicht verrückt machen lassen", ist ihr Motto. Auch wenn der Marathon zum Verrücktwerden war. Diese Anstiege. Dieser Wind. Diese Hitze.

Sie hat sich fast die Seele aus dem Leib gerannt. Sie hat keinen Meter, keine Sekunde verschenkt.

Himmel, sie hat die Hölle erlebt.

Der Sündenfall

Die Hölle hat Uta Pippig noch auf andere Weise kennengelernt. Sie geriet unter dringenden Dopingverdacht. Im Herbst 1998 wurde Deutschlands Vorzeige-Marathonläuferin vom Deutschen Leichtathletikverband wegen erhöhter Testosteronquotienten suspendiert und im Juli 1999 für zwei Jahre gesperrt. Hatte sie mutwillig gedopt, oder sind da Schlampereien passiert, deren Opfer sie geworden ist? Uta beteuerte ihre Unschuld. Eine einzige Urinprobe an einem Nachmittag im April '98 hat ihre Bilderbuchkarriere verpfuscht. Der amerikanische Marathonheld Frank Shorter gab folgendes Statement: „Ich bin geschockt. Uta Pippig war eine der wenigen, bei der ich fühlte, daß die Wahrscheinlichkeit sehr gering ist, daß sie etwas Illegales tut."

Verschärfter Alltagstrott: Uta Pippig läuft pro Woche rund 220 Kilometer – bei Wind und Wetter, Schnee und Regen. Das für den Marathon nötige Grundlagentraining ist eine harte, einsame Sache.

Küßchen, Küßchen: Uta Pippig, die fröhliche Marathon-Botschafterin. Auch wenn ihr Körper total gepeinigt war, schenkte sie nach einem großen Rennen dem Publikum ihr schönstes Lächeln.

45

Vorhergehende Doppelseite:
Frauen-Power: die besten Marathonläuferinnen bei Olympia '88. Vorneweg die spätere Siegerin Rosa Mota (Portugal), dahinter die Norwegerin Grete Waitz, die Deutsche Kathrin Dörre und die Polin Wanda Panfil.

Der schwere Anfang

Uta Pippig hatte einen Traum. Sie wollte als erste Frau die „2:20" knacken. Sie war nur noch eindreiviertel Minuten davon entfernt. Wer diese Schallmauer durchlaufen will, muß bereit sein, einen hohen Preis dafür zu zahlen. Noch mehr Trainingskilometer, noch härtere Trainingseinheiten, noch mehr Disziplin und totale Einstellung für das fast unmöglich erscheinende Ziel. Wer weiß, ob Uta Pippig sich jemals wieder motivieren kann und bereit ist, den Preis für die magischen „2:20" zu zahlen.

In Boulder bewohnt sie ein großes Haus. Im Keller ein eigener Fitneßraum mit allen Schikanen, inklusive Sauna. Alles erlaufen. Ein Millionen-Märchen hat sich erfüllt. Als Utas Eltern, beide Ärzte, zum ersten Mal zu Besuch waren, „staunten die wie die Wundertöpfe, was wir uns hier geschaffen haben", sagt sie stolz.

Ausgerechnet mit Marathon, dieser Disziplin, die für Frauen mal so attraktiv war wie ein Mauerblümchen.

Uta Pippig turnte als Kind, spielte Fußball, Handball, kam zum Siebenkampf. Am meisten Spaß aber machte Laufen. Mit vierzehn, fünfzehn erste Erfolge im Crosslauf. Sie wollte zum renommierten Ostberliner TSC. Doch die lehnten ab. Begründung: zu klein, keine Perspektive. So landete sie beim ASK Potsdam, in der Marathongruppe.

Der erste Erfolg kam 1984, ausgerechnet, als die DDR die Olympischen Spiele in Los Angeles boykottieren mußte. Für die DDR-Athleten gab es immerhin Ersatz-Olympia, für die Marathonläufer in Wuhlheide. „Weeste wat, da machste mit", meinte ihr Trainer. Am Start: zwölf Frauen. Die 18jährige Uta Pippig rannte in ihren Zeha-Schuhen beachtliche 2:47:43 Stunden. Die Folge davon: Sie wurde in den Kaderkreis delegiert. Und die Folge davon: Sie bekam adidas-Schuhe. Das Paar, lange ihr einziges, strapazierte sie sechs Jahre lang.

Ein neuer Mann brachte Methode in ihr Marathonleben. Dieter Hogen wurde 1986 ihr Trainer – und Freund. Er ließ sie nicht nur Kilometer bolzen, sondern forcierte kürzere Distanzen in schnellerem Tempo. Prompt wurde Uta Pippig DDR-Meisterin und verbesserte sich um satte sieben Minuten.

Ein großer Leistungssprung. Doch im Sportsystem der DDR wurde mit allen Mitteln versucht, noch mehr Leistung rauszukitzeln. Das Zauberwort hieß KLD. Komplexe Leistungsdiagnostik. Laufend Belastungstests, Blutabnahmen, Laktatmessungen. „Was haben wir geknüppelt", sagt Uta. Die Balance zwischen Belastung und Erholung stimmte nie. Höhentraining in Äthiopien, Bulgarien oder in der Unterdruckkammer Kienbaum. Viele „Testsubstanzen", die den Athleten verabreicht wurden, sicher auch Anabolika, Blutdoping.

„Ich will herausfinden, wie schnell ich sein kann. Kann ich den Marathon unter 2:20 laufen? Wenn nicht, keine Katastrophe. Aber ich will eine Antwort."

Uta Pippig, Siegerin in Boston und Berlin (je dreimal) sowie New York

Die Motivation

„Von dem ganzen Wissenschaftskram habe ich total die Schnauze voll", sagte Uta in der neuen Welt. Und: „Ich nehme absolut kein Zeug – darauf bin ich stolz."

Die Wende – für Uta Pippig und Dieter Hogen wurde sie das wirklich. Er hätte lebenslang nicht ausreisen dürfen. Ihr waren sämtliche Wettkämpfe vorgeschrieben. Beide fühlten sich drangsaliert. Am Tag, als sich die Mauer öffnete, machten beide rüber. Im Trabi, mit drei Koffern, zu Verwandten nach Stuttgart.

Ein ganz bescheidener Neuanfang. Ein kleines Zimmer für zwei. Matratze auf dem Boden. Alle 14 Tage 279 Mark vom Sozialamt. In der ersten Zeit, sagt Uta, hätte sie viel geflennt. Aber sie wollte sich – wie bei einem Marathon – durchbeißen. Sie trainierte täglich zweimal. Die Basis für gute Wettkämpfe. Und tatsächlich: Während viele Ex-DDR-Athleten nach der Wende deutlich abbauten, machte Uta Pippig wiederum einen Leistungssprung. Im Jahr eins sieben Minuten schneller.

Die Freiheit, sagt sie, hätte sie so beflügelt: „Weil ich jetzt für mich laufe, für mein eigenes Geld, für meine Zukunft."

Uta Pippigs Zukunft ist gegenwärtig Vergangenheit. „The magic 2:20" waren schon ganz in Reichweite. Doch jetzt scheint die magische Schallgrenze für sie so gut wie gelaufen.

Die Rekordläuferin aus Kenia

New York Marathon 1996. Ingrid Kristiansen, die norwegische Marathon-Weltrekordlerin, macht einer kleinen Läuferin aus Kenia ein großes Kompliment: „Du wirst diejenige sein, die mal meinen Rekord brechen wird." Da lächelte Tegla Loroupe höflich und sagte kein Wort.

Eineinhalb Jahre später war es tatsächlich soweit. Kristiansens alter Rekord (2:21:08) fiel. Immerhin 13 Jahre lang waren soviele Läuferinnen vergeblich dagegen angerannt.

Und es war tatsächlich die zierliche Tegla Loroupe, die beim Rotterdam-Marathon eine neue Bestzeit lief. Der Coup, der schließlich 150 000 Dollar Prämie abwarf, war sorgfältig geplant. Denn Rotterdam ist immer ein schnelles Pflaster, weil die Strecke flach ist und im Frühling meist ideale Wetterbedingungen herrschen – es ist nicht zu heiß. Außerdem hatte Tegla männliche Unterstütung. Zwei Landsmänner aus Kenia, Joacob Losian und Bernard Boyo, liefen immer in ihrer Nähe. Sie übernahmen als Hasen wichtige Führungsarbeit und Schrittmacherdienste. Tegla behauptete zwar: „Ich habe die beiden zufällig auf der Strecke getroffen." Aber das mochte keiner so richtig glauben.

Von Anfang an lagen Tegla Loroupe und ihre Begleiter auf Weltrekordkurs. Sie liefen bis ins Ziel (2:20:47) ein ganz gleichmäßiges Tempo. Die erste Hälfte des Marathons in 1:10:11 Stunden, die zweite Hälfte in 1:10:36. Schließlich blieb Tegla 19 Sekunden unter der alten Rekordmarke von Ingrid Kristiansen.

Die schnellste Marathonfrau der Welt wirkt so zierlich und zerbrechlich wie ein Kind. Ein Fliegengewicht. Sie wiegt gerade

39 Kilo, ist nur 1,52 Meter groß. „Da werden stärkere Windböen auf der Strecke zum ernsten Problem", sorgte sich der *Spiegel*.

Doch international repräsentiert Tegla Loroupe mit ihrem Minimalgewicht nur den Magertrend unter Ausdauerathleten. Je leichter die Sportlerin, um so günstiger das sogenannte Last-Kraft-Verhältnis. Denn mehr Muskeln müssen auch mit mehr Sauerstoff versorgt werden. Allerdings laufen die dürren Langstrecklerinnen Gefahr, daß ihre Knochenstruktur vorzeitig altert.

Zum Beispiel die Schweizerin Franziska Rochat-Moser: Nach ihrem Sieg beim New York Marathon 1997 mußte sie mehrfach Streßfrakturen auskurieren.

In ihrer Heimat hat Tegla Loroupe früher für 50 Dollar im Monat bei der Post gearbeitet. Inzwischen verdient sie durch ihre Rennerei rund um den Globus gut eine halbe Million Mark pro Jahr. Von dem Geld kauft sie daheim Häuser – als Basis für später. Mit 18 kam sie nach Deutschland. Nach Detmold. Dort trainiert und managt der Hauptschullehrer Volker Wagner erfolgreich afrikanische und osteuropäische Athleten.

Fraglich, ob sie daheim in Kenia auch eine Weltklasseläuferin geworden wäre. Athleten sind dort größeren Infektionsgefahren ausgesetzt. Moskitos übertragen Malaria, Parasiten verseuchen das Wasser. Teglas Schwester Albina zum Beispiel starb ganz plötzlich, vermutlich an verschlepptem Tropischem Fieber.

Fraglich, ob sie es überhaupt gedurft hätte, eine professionelle Läuferin zu werden. Denn ihr Vater, der mit vier Frauen 25 Kinder zeugte, wollte seiner kleinen Tegla den Sport verbieten. Laufen ist in Kenia Männersache, für Frauen heißt die Priorität: Heirat und Hausfrau sein.

Männer spielen im Leben der 26jährigen immer noch keine Rolle. Sie verzichtet, sagt sie, auf sexuelle Beziehungen. „Wenn du Erfolg haben willst, mußt du dein Leben danach ausrichten." Das hat vor allem mit dem kulturellen Hintergrund Kenias zu tun. Kenia ist polygam. Frauen, die ungewollt schwanger werden, beschädigen ihren gesellschaftlichen Status. Tegla weiß: „Niemand würde mich noch heiraten, höchstens als zweite Frau."

Sagt die erste Dame des Marathon.

Strahlemann und Strahlefrau: Tegla Loroupe und der Mexikaner German Silva nach ihrem Sieg beim New York City Marathon 1995. Schon im Jahr zuvor konnten sie sich gemeinsam als Siegerpaar feiern lassen.

19

Die Tragödien

Es ist ein für Londoner Verhältnisse ungewöhnlich schöner Tag, dieser 24. Juli 1908. Die Sonne scheint mit voller Kraft. Im Windsor Park, vor der Terrasse des königlichen Schlosses, hat der Hofstaat Platz genommen. Ein Höhepunkt der IV. Olympischen Spiele steht auf dem Programm: der Marathonlauf.

75 Läufer begeben sich zum Start. Einer von ihnen wird knapp drei Stunden später eine Berühmheit sein, eine traurige Berühmheit zwar, aber berühmt für alle Zeiten. Das hat vor allem damit zu tun, daß ein Fotograf die Situation miterlebte, der nicht nur Gespür für den dramatischen Moment, sondern auch technisch sehr viel auf dem Kasten hatte. Dieser unbekannte Agentur-Fotograf stand zwei Meter hinter dem Ziel und schoß ein Bild, das zum Klassiker der Sportfotografie geworden ist.

Ohne diesen magischen Moment wäre Dorando Pietri sicher längst vergessen. So aber verkörpert er wie kein anderer die Dramatik und das Drama Marathon. Dorando wurde der erste Läufer, der jener dem Marathonlauf innewohnenden Tragödie so etwas wie Gestalt gegeben hat.

Noch fällt Dorando nicht weiter auf. Ein mageres, unscheinbares Kerlchen mit mächtigem Schnauzbart. Auf dem Kopf trägt der 22jährige eine weiße Mütze. Auffällig sind allenfalls seine O-Beine und seine dunklen, sehr langen Shorts. Als Beruf gibt der kleine Italiener Kuchenbäcker an. Na gut, manche Insider erzählen Wunderdinge über ihn. Als 17jähriger soll er mal 50 Kilometer gelaufen sein, bloß, um einen Brief zu befördern. Da schüttelten die Leute im Dorf über Dorando den Kopf, denn auch damals gab es ja schon die Posta Italia.

Bei diesem olympischen Marathonlauf sind natürlich die englischen Teilnehmer favorisiert. Auf ihnen lastet starker Erfolgsdruck.

Sie bestimmen nach dem Start auch gleich den Rhythmus des Rennens. Aber nach zehn, zwölf Kilometern ist klar: die vier Briten haben sich übernommen. Sie fallen immer mehr zurück (und belegen am Ende die Plätze 12, 13, 15, 17).

Nach der Hälfte der Distanz taucht der Südafrikaner Hefferon in der Spitzengruppe auf, bei Kilometer 22,5 setzt er sich sogar allein ab und läuft bis Kilometer 30 vier Minuten Vorsprung heraus. Sein hartnäckigster Verfolger: Dorando Pietri.

Plötzlich wird Hefferon von einem großen Durstgefühl geplagt. Und was schluckt der schlaue Sportsmann? Nur das Beste. Champagner. Prompt bekommt er Magenkrämpfe. Ganz schnell schmilzt sein Vorsprung. Irgendwann ist er in Sichtweite von Dorando Pietri. Dem wachsen jetzt Flügel. Dorando holt das Letzte aus sich heraus. Wie ein Sprinter zieht er noch einmal einen Zwischenspurt an, holt Hefferon tatsächlich ein, überholt

London, 1908: Das Marathon-Drama um Dorando Pietri nimmt seinen Lauf. Übereifrige Funktionäre (rechts: Arthur Conan Doyle) helfen dem total erschöpften Dorando ins Ziel. Der kleine Italiener wird nach dem Rennen disqualifiziert.

ihn. Auch der Amerikaner Hayes, Angestellter des New Yorker Warenhauses Bloomingdale, zieht wenig später noch an Hefferon vorbei.

Wie ein Lauffeuer verbreitet sich die Nachricht vom spannenden Rennverlauf.

Und dann läuft Dorando tatsächlich als erster durch das Stadiontor. Die Menge scheint elektrisiert. Sie feuert den tapferen Marathonläufer, der einen stolzen Vorsprung vor dem Zweiten herausgelaufen hat, begeistert an. Da sind außerdem viele Besucher von der benachbarten Weltausstellung.

Sie ahnen, sie sehen, daß mit dem kleinen Italiener etwas nicht stimmt. Seine Füße scheinen ihm nicht mehr zu gehorchen. Da, er kommt ins Stolpern. Sechs Tage später druckt die Zeitung *Corriere della Sera* sein Statement: „Ich weiß nicht, aber es kam mir so vor, als wäre ich betrunken... Ich laufe durch die Zuschauerreihen, die ich nicht sehe, nur noch rieche. Plötzlich erkenne ich vor mir eine graue Masse, die wie eine Festung aussieht, dazu eine beflaggte Brücke. Das ist das Stadion. Und weiter kann ich mich nicht mehr erinnern."

Dorando Pietri hat sich offensichtlich total verausgabt. Bis zum Stadiontor hatte er genau 2 Stunden 45 Minuten gebraucht. Für die letzten 355 Meter auf der Aschenbahn braucht er endlose neun Minuten und 46 Sekunden. Insgesamt fünfmal stürzt er, rappelt sich wieder auf. Er scheint wie von Sinnen. Er wirkt wie leergelaufen. Er läuft wie fremdgesteuert, wie in Zeitlupe, sonderbar mechanisch setzt er seine Füße voreinander. Und dann findet er gar nicht mehr die richtige Richtung und beginnt die letzte Stadionrunde falsch herum. Streckenhelfer machen auf den Irrtum aufmerksam, gestikulieren aufgeregt.

Plötzlich bricht Dorando zusammen.

Da liegt er. Er ist am Boden. Ein paar Leute stürzen auf ihn zu, darunter auch ein Arzt. Sie helfen ihm hoch, stellen ihn wieder auf

Revanchelauf: Der olympische Pechvogel Dorando Pietri (rechts) ist für Veranstalter eine große Nummer geworden. Er wird Berufsläufer und kämpft auf der Marathondistanz erfolgreich um harte Dollars. Links der Olympiasieger von 1908, John Hayes.

die Beine, und Dorando Pietri schlurft weiter. Die Menge feuert ihn an. Er schleppt sich Schritt für Schritt dem Ziele näher. Das Szenario wirkt gespenstisch. Es sah so aus, „als könne Pietri in Anwesenheit der Königin auf der Bahn sterben“, heißt es im offiziellen Bericht.

Zehn Meter vor dem Ziel bricht Dorando noch einmal zusammen.

Da liegt er wieder am Boden, wie ein Tier, das verendet. Die Menge kreischt. Viele leiden mit dem armen Teufel da auf der Aschenbahn, sind vor Entsetzen stumm.

Und dann bekommt das Entsetzen plötzlich eine Stimme. Ein Aufschrei, als der zweite Läufer, der Amerikaner Johnny Hayes, ins Stadion einläuft. Wird er Dorando Pietri so kurz vor dem Ziel noch abfangen können? Oder kommt der Italiener noch mal auf die Beine?

Ja. Wieder sind zwei Männer an seiner Seite. Einer ist der britische Organisator des Marathonlaufs, Jack Andrew. Der andere, ein bulliger Bartträger, ist Sir Arthur Conan Doyle, also jener Schriftsteller, der den Detektiv Sherlock Holmes ersann. Beide packen Dorando und stellen ihn wieder auf die Beine. Verfolger Hayes ist schon in Sichtweite.

Wird er den kleinen, tapferen Italiener wirklich auf der Ziellinie abfangen können, ihn überholen, ihm den Sieg stehlen?

Nein. Dorando steht auf seinen wackeligen Beinen und kann sich mit letzter Kraft ins Ziel retten.

Dann kollabiert er. Helfer heben ihn auf eine Tragbahre und schleppen ihn in eine Umkleidekabine. Zweieinhalb Stunden lang, so der offizielle Bericht, „schwebte er zwischen Leben und Tod“.

Dorando Pietri, dem Sieger, wird die Goldmedaille, die er gerade noch für sich retten konnte, nach einem Protest der amerikanischen Mannschaftsleitung vom Olympischen Komitee wieder aberkannt – Disqualifikation wegen Inanspruchnahme fremder Hilfe.

Eine tragische Geschichte. Aber sie rührt das Publikum. Und Dorando Pietri wird unsterblich, für alle Zeiten steht der kleine Kuchenbäcker als tragischer Marathonheld in den Büchern der Sportgeschichte.

Dorando Pietri ist der erste Star der Leidensstrecke.

Am Tag nach dem Desaster wurde er von Königin Alexandra, der Großmutter von Elizabeth II., empfangen. Sie wollte den unglücklichen Sportsmann persönlich die Hand drücken. „Ich habe keine Urkunde für Sie, keine Medaille, keinen Ehrenzweig, die ich Ihnen überreichen könnte“, sprach die Queen, „aber nehmen Sie diesen Goldpokal, und ich hoffe, daß Sie keine schlechte Erinnerung an unser Land mitnehmen.“

Oh nein. Im Gegenteil. Denn seine plötzliche Popularität ließ sich wunderbar versilbern – durch Schauläufe. Dorando Pietri wurde Berufsläufer. Kein schlechter, bei den nächsten Marathonrennen, eines im Herbst, eines im Frühjahr und beide in New York, konnte er gewinnen.

Sogar ein Song wurde dem Marathonhelden gewidmet: „Dorando, Dorando, Dorando“. Der Komponist: der bekannte Irving Berlin.

Viele Jahre später (1970) lieferte Joe Deakin, der 1908 in London selbst eine Goldmedaille in der Staffel gewonnen hatte, zu dem Marathondrama von damals eine pikante Fußnote. Deakin stand einst als Augenzeuge am Ziel. 62 Jahre nach dem Rennen erklärte er den wankenden Zustand des Läufers so: „Die Leute an der Strecke haben Dorando zur Erfrischung kein Wasser gegeben, sondern gläserweise Chantilly-Wein. Pietri war nicht erschöpft – er war betrunken.“

„Wenn du am Start stehst, sind Geldprämien das letzte, an das du denkst. Wenn du allerdings im Ziel bist, dann ist dein erster Gedanke: Geld!“

Rod Dixon, Marathonsieger in New York, 1983

Der Tod läuft mit

Vier Jahre zuvor, beim olympischen Marathonlauf in St. Louis, hatte sich die Strecke als mörderisch erwiesen – im wahren Sinne des Wortes. An jenem 30. August 1904 lag brütende Hitze über der Stadt: 32 Grad im Schatten. Dazu kam die Luftfeuchtigkeit. Und das Profil der Strecke: Über sieben Hügel mußten sie laufen, die 32 Teilnehmer des Marathons. Manche der Hügel hatten hundert Höhenmeter.

Doch das Schlimmste war der Staub der Straße. Der machte den Athleten das Laufen zur Hölle. Damals kannte man noch keinen Asphalt. Zentimeterhoch lag der Staub und wurde von den zwölf Begleitfahrzeugen, die vor und zwischen dem Marathonfeld fuhren, hochgewirbelt. Diese Staubwolken reizten und traktierten die Atemorgane der Läufer.

Nach 13 Kilometern stürzte der amerikanische Teilnehmer William R. Garcia aus San Francisco. Er fiel in den Straßengraben und blieb dort besinnungslos liegen. Als man ihn fand, stellte man einen Blutsturz fest. Man brachte ihn sofort ins Krankenhaus. Dort verstarb er noch am selben Tag.

Sonderbar: Der Tod des Marathonläufers Garcia wirbelte keinen Staub auf, er hat damals keine Schlagzeilen gemacht.

Opfer einer Hitzeschlacht

Anders der zweite Todesfall in einem olympischen Marathonrennen, acht Jahre später in Stockholm: Zur Trauerfeier des 21jährigen Portugiesen Francisco Lázaro kamen 23 000 Stockholmer und die meisten Olympiateilnehmer ins Stadion. Die Loge des schwedischen Königs war mit dem Initial des Toten geschmückt, und zu Ehren von Lázaro wurde die Hymne seines Landes gespielt. Schließlich wurde seinetwegen sogar eine Spendenaktion organisiert. Für die Hinterbliebenen kam die stattliche Summe von 14 000 Kronen zusammen.

Der Mittel- und Langstreckenläufer Francisco Lázaro aus Lissabon machte in Stockholm zum ersten Mal bei einem Marathon mit. Er mußte, wie übrigens alle Läufer, die gemeldet waren, ein ärztliches Attest vorlegen, das dem Athleten die Marathontauglichkeit bestätigte. Eine Vorsichtsmaßnahme, denn nach Garcias stillem Tod bei den Spielen von 1904 und Dorando Pietris spektakulärem Taumel bei den Spielen von 1908 sollte ein weiteres Unglück ausgeschlossen werden. Zusätzlich hatten die Organisatoren in Stockholm unterwegs auf der Strecke vier Kontrollstationen und medizinische Stützpunkte eingerichtet.

Lauflegende, gedemütigtes Opfer und schließlich Botschafter aller Finnen: Paavo Nurmi war in den 20er Jahren nicht zu schlagen. Sein Traum vom Marathon-Olympiasieg scheiterte an kleinlichen Funktionären. Erst 1952 wurde er rehabilitiert. Eine Nurmi-Statue schmückt das offizielle Olympiaplakat von Helsinki.

Alles vergeblich. Wieder wurde das olympische Marathonrennen zu einer Hitzeschlacht. Die Hälfte der Teilnehmer mußte erschöpft aufgeben. Aber der arme und unerfahrene Lázaro wollte wohl seine Chance nutzen, vielleicht träumte er von Ruhm, Ehre und bescheidenem Reichtum. Jedenfalls ignorierte er die harten Bedingungen des Rennens an diesem Tage, er kämpfte verbissen mit sich und gegen den süßen Wunsch auszusteigen.

Acht Kilometer vor dem Ziel verweigerte sein Körper die Funktion. Er kollabierte, stürzte in den Straßenstaub.

Lázaro wurde ins Seraphim-Krankenhaus eingeliefert. Die Ärzte konnten ihm nicht mehr helfen. Am nächsten Morgen um sechs Uhr verstarb der junge Marathonläufer, der das Ziel eines Marathonlaufes nie erreichte.

Paavo Nurmi und der unerfüllte Marathon-Traum

Er war klein, ein 64-Kilo-Leichtgewicht, und er war der „große Schweiger". So nannten ihn jedenfalls die Reporter. Denen machte er die Arbeit schwer. Wenn er überhaupt mal etwas sagte, sagte er, er habe nichts zu sagen. Er lächelte auch selten mal. Und doch lockte dieser spröde finnische Läufer Zehntausende an, wenn sein Name auf einem Plakat stand.

Paavo Nurmi hatte einen mächtigen Brustkorb, und in seiner Brust schlug ein starkes Herz. Er war ein Präzisionsathlet. Man beschrieb ihn als Laufmaschine. Er arbeitete sich mit mathematischer Akkuratesse vorwärts, schien im Kopf stets Rundenzeiten durch- und hochzurechnen. In seiner rechten Hand trug er immer eine Stoppuhr. Auf die verließ er sich, sie war seine präzise laufende Marschtabelle; der Chronometer war sein verläßlicher Partner, der vorgab, wie er sich sein Rennen einzuteilen hatte. Wenn der Kampfrichter mittels Glocke die letzte Runde einläutete, warf Paavo Nurmi seine Stoppuhr auf den Rasen, um die Hände für den Endspurt freizuhaben.

Ein Chronist schrieb: „Der Mann ist unheimlich. Einen solchen Läufer hat es noch nie gegeben. Gegner auf der Aschenbahn scheinen für ihn nicht zu existieren. Er läuft sein Rennen ganz für sich, wie unter einer Glasglocke. Ob einer das Tempo verschärft oder verschleppt, berührt ihn überhaupt nicht. Er richtet sich allein nach seiner Stoppuhr, die er in der Hand hält. Ab und zu wirft er einen Blick darauf. Danach teilt er sich sein Rennen ein. Wie ein Automat. Verlangt die Uhr einen Weltrekord, dann läuft er ihn auch."

Nein, er lief nicht gegen irdische Gegner. Er lief gegen die Zeit. Er lief für Zeilen in den Rekordbüchern.

Paavo Nurmi schien unschlagbar. Er stellte 27 Einzelweltrekorde über fast alle Mittel- und Langstrecken (von 1500 Meter bis 20 Kilometer) auf und gewann zwischen 1920 und 1928 neun Goldmedaillen, allein fünf davon bei den Olympischen Spielen 1924 in Paris. Er wurde zum berühmtesten Finnen der Welt. Zwischen dem Finale über 1500 und 5000 Meter lag nicht einmal eine Stunde. Er gewann beide Endläufe, lief sogar jedesmal einen neuen Weltrekord.

Auch bei den Olympischen Spielen 1932 in Los Angeles wollte Nurmi, inzwischen 35jährig, noch einmal teilnehmen. Er wollte sich einen letzten großen Traum erfüllen: Nurmi wollte den olympischen Marathonlauf gewinnen – und dann abtreten.

Wie immer hatte sich der Finne gewissenhaft vorbereitet. Seinen ersten Marathon überhaupt, die Qualifikation fürs starke finnische Team, gewann er überlegen. Nurmis Zeit: 2:22. Allerdings war die Strecke auch nur die für nordische Länder üblichen 40,8 Kilometer lang.

Doch Marathon-Olympiasieger konnte Paavo Nurmi, der Dominator einer ganzen Ära, nie werden.

Einen Tag vor Eröffnung der Olympischen Spiele schloß ihn das IOC-Exekutivkomitee mit fünf gegen zwei Stimmen von der Teilnahme aus: wegen Verstoßes gegen die Amateurstatuten. Seit Jahren hatte Nurmi (wie übrigens auch andere Athleten) erkleckliche Spesen und Antrittsgelder kassiert.

Voller Wut gingen daheim in Helsinki Tausende auf die Straße, um gegen das Unrecht, das ihrem Sportidol wiederfahren war, zu demonstrieren. Vergebens. Nurmis „lebenslängliche" Sperre blieb festgeschrieben. Der schweigsame Wunderläufer zog sich verbittert und haßerfüllt zurück. Nurmi wurde Bauunternehmer, Immobilienmakler – und reich. Zum Laufen trat er nirgendwo mehr an.

Schon zu Lebzeiten wurde Paavo Nurmi sein eigenes Denkmal. Vor dem Olympiastadion in Helsinki erhebt sich seine Gestalt, nackt, strahlend, überlebensgroß.

Als der *stern*-Autor Horst Vetten vierzig Jahre später den Volkshelden, der zum Märtyrer wurde, besuchen durfte, traf er einen alten Mann, der hinter dem grauen Schleier der Kurzsich-

Zum Ins-Gras-beißen: private Tragödie eines Marathon-Mitläufers. Da liegt er nun – total platt. Eine Helferin versucht, den armen Mann wieder aufzurichten.

tigkeit lebte. Paavo Nurmi, ein Pflegefall. Halb taub, halb blind, halb gelähmt, vom Schicksal gebrochen. Auf Vettens Frage, welchen Sinn sein Leben gehabt habe, antwortete der einst Unschlagbare: „Gar keinen, ich war ein idiotischer Nichtsmacher. Sport ist Humbug, Medaillen sind nichts wert. Olympia ist Zirkus für Dreißigjährige. Einen Sinn hat nur die Kunst, die Wissenschaft, die Medizin... Sinn hat nur, was Jahrhunderte hält. Sport hält nicht."

Und Geld?

„Geld, mein ganzes Geld gäbe ich für Gesundheit. Mein Geld habe ich nicht mit den Füßen, sondern mit dem Kopf verdient."

1973 starb Paavo Nurmi. 21 Jahre später wurde vor dem Olympischen Museum in Genf ein Nurmi-Denkmal aufgestellt. Späte Wiedergutmachung.

Die tödliche Niederlage des Kokichi Tsuburaya

Der Marathonlauf bei den Olympischen Spielen 1964 in Tokio: Abebe Bikila, der Sieger von vor vier Jahren, lief diesmal nicht barfuß. Wenige Wochen zuvor hatte man ihm den Blinddarm herausoperiert. Auf Anraten seines Arztes trug er diesmal Sportschuhe – und dominierte das Rennen von Anfang an.

Als er ins Stadion kurvte, lag der 32jährige Äthiopier vier Minuten vor dem Zweitplazierten, dem Japaner Kokichi Tsubaraya. Leichtfüßig lief er mit neuem Rekord (2:12:11) durchs Ziel, legte sich ins Gras. Erschöpfung? Vonwegen. Bikila lockerte mit gymnastischen Übungen seine Beinmuskulatur, stand wieder auf, verbeugte sich nach allen Seiten.

Plötzlich ging der Jubel für den Sieger in den Jubel für den Landsmann über: Tsuburaya tauchte als Zweiter im Stadion auf. Die 60 000 Menschen waren aus dem Häuschen: endlich die erste Leichtathletik-Medaille für den Gastgeber Japan.

Doch nur 13 Sekunden später tauchte schon der Drittplazierte auf: der blonde Brite Benjamin Heatley. Das Publikum raste.

Was dann geschah, beschrieb ein Reporter so: „Heatley begann zu spurten, er griff den Japaner an. Tsuburaya schien die Gefahr, die ihm auf den letzten 250 Metern drohte, nicht zu ahnen. Erst als der Brite frisch an ihm vorüberzog, reagierte er. Es war ein letztes Aufbäumen. Nach zwei, drei schnelleren Schritten sah der kleine geschmeidige Japaner die Aussichtslosigkeit seines Beginnens ein. Er konnte Heatley nicht folgen. Zweiter also Heatley und Dritter, durchs Ziel wankend, Tsuburaya."

Keiner konnte ahnen, wie schwer der 24jährige Japaner diese Niederlage nahm. Und wie persönlich. Vor aller Augen hatte er versagt, er hatte es nicht geschafft, den britischen Konkurrenten in Schach zu halten. In seinem Innersten schämte er sich zutiefst.

Aber Tsuburaya schwor sich auch: In vier Jahren, bei den Olympischen Spielen in Mexiko, würde er sich rehabilitieren. Er trainierte besessen, er spulte wöchentlich bis zu 300 harte Kilometer ab, er ließ dringend notwendige Regenerationspausen aus. Doch als ihn Ende 1967 ein Leistenbruch lahmlegte, eine Operation unausweichlich wurde, war klar: Er würde seinen Erfolgsschwur nicht mehr einlösen können.

Am 9. Januar 1968 nahm sich der Marathonläufer Kokichi Tsuburaya in der Trainingsschule von Asaka bei Tokio das Leben.

Tödlicher Stolz: Der Japaner Kokichi Tsubaraya wird bei den Olympischen Spielen 1964 in Tokio Dritter. Er fühlt sich als Versager – und nimmt sich später das Leben.

Himmel und Hölle im Central Park

Es ging nicht nur um die Mercedes-Limousine, die ein Sieger bekommt. Es ging auch nicht um die 50 000-Dollar-Siegprämie. Gewiß, wer den New York City Marathon gewinnt, nimmt die materiellen Wohltaten natürlich gerne mit. Aber was weitaus mehr zählt: Als Sieger in New York rückt ein Läufer automatisch und für immer in den Marathon-Adel auf.

Der Brite Geoff Smith konnte sich schon als sicherer Sieger wähnen. Er, der schnelle Meilen-Mann, machte hier in New York, im November 1983, seinen ersten Marathon. Dies war wieder einmal ein Sauwettertag, es goß wie aus Kübeln. Feines Marathonwetter also. Smith hatte auf der Queensboro Bridge den lange Führenden, den jungen Tansanier Shahanga, eingeholt und abgehängt. Der Brite führte auf der First Avenue, also knapp zehn Kilometer vor dem Ziel, souverän mit 35 Sekunden Vorsprung. Diesen Abstand zum ersten Verfolger Rod Dixon aus Neuseeland hielt er konstant, Meile um Meile. Und Dixon, der seinen zweiten Marathon lief, faßte sich immer wieder ans Bein, seine Kniesehne schmerzte. „Ich war ganz sicher, das Rennen wäre gelaufen. Ich glaubte nicht mehr daran, den Enteilten einholen zu können."

Im Central Park, knapp fünf Kilometer vor dem Ziel, war Geoff Smiths Vorsprung ein bißchen geschmolzen, auf 22 Sekunden. Und Dixon konnte Smith sehen und erkennen, daß der etwas aufrechter, staksiger als zuvor lief.

Er ahnte, was die Zuschauer sehen konnten: wie sehr sich Smith plagte, quälte, vorwärts peitschte, wie er seine letzten Reserven mobilisierte, um Schritt für Schritt dem großen Ziel und der Erlösung näherzukommen. Sein Kampf war mühelos von seinem gekrampften Körper, vor allem aber in seinem verzerrten Gesicht abzulesen.

Noch führte Smith. Doch Dixon kam näher. Unaufhaltsam.

Es waren nicht mal mehr tausend Meter bis ins Ziel. Noch immer führte Smith. Doch sein Vorsprung schmolz und schmolz. Und so sehr er sich auch mühte, wehrte, seine allerallerletzten Kraftreserven aus dem schmerzenden Körper abrief: Dixon kam immer näher.

Die Zuschauer – sie säumten in Fünferreihen die letzten Meter im Central Park, und es waren Hunderttausende – wußten um diesen magischen Marathon-Moment. Sie waren Augenzeugen eines sportlichen Dramas: Triumph und Tragödie liefen nur wenige Meter auseinander.

Geoff Smith konnte das Zielband schon sehen, es war nicht mehr weit bis zu seinem möglichen Sieg. Er holte alles aus sich heraus, er gab alles, wirklich alles.

Nicht mal mehr 300 Meter. Die Zuschauer schrien. Die einen wollten den Gejagten Smith unterstützen, die anderen den Jäger Dixon.

Als Dixon den tapferen Smith passierte, ergab er sich. „Die Luft war plötzlich raus, meine Beine lösten sich auf, ich lief nur noch aus der Erinnerung", sagte Smith hinter.

Dixon siegte in 2:08:59 Stunden. Er streckte seine Hände gen Himmel. Dann fiel er auf die Knie und küßte den New Yorker Asphalt. Neun Sekunden später stolperte Geoff Smith ins Ziel.

Was für ein Augenblick. Und was für eine Symbolkraft in dieser Situation lag: Der eine triumphierte, der andere lag geschlagen am Boden. Auch dieses Foto eines dramatischen Marathonfinales ging um die Welt.

Später versuchte man Geoff Smith zu trösten: immerhin wäre niemals zuvor ein Marathon-Neuling schneller gelaufen als er. Aber das konnte nur ein schwacher Trost für ihn sein.

Der Champion hatte an diesem Tag eine wichtige Lektion gelernt. Rod Dixon war in nur 30 Sekunden vom Jäger zum Sieger mutiert. In der Stunde seines größten Glücks verlor der erfahrene Athlet nicht die Bodenhaftung.

Was Rod Dixon sagte, gilt für jeden Läufer: „Du brauchst Geduld und Konzentration, wenn du in einem Marathon erfolgreich sein willst."

Und was Geoff Smith erlebte, gilt auch für jeden Marathonläufer:

Himmel und Hölle, Freude und Tragödie laufen oftmals eng nebeneinander her.

New York 1983: Auf den letzten Metern hat der Neuseeländer Rod Dixon den lange führenden Geoff Smith abgefangen. Der Amerikaner liegt geschlagen am Boden.

Die Marathon-Typen

Typen

Tarzan, sein zweites Ich: Jahrelang schlüpfte der Münchener Architekt Alfred Pohlan in die Rolle als laufendes Unikum und sammelte weltweit Marathons. Die Trophäen und Medaillen, die dabei abfielen, hortet er in seinem Partykeller.

Der Amerikaner Timothy Badyna beendete den Marathon in Toledo (Ohio) in 3:53:17 Stunden – das ist eine eher durchschnittliche Zeit. Allerdings: Tim lief die ganze Strecke rückwärts.

Der Brite Raymond Hubbard lief innerhalb von drei Tagen drei ziemlich flotte Marathonrennen. Samstags in Belfast (2:45:55), sonntags in London (2:48:45), und am Montag startete er in Boston (2:47:51). Um rechtzeitig nach Amerika zu kommen, hatte er sich sogar ein teures Concorde-Ticket geleistet.

Hans-Dieter Weißhaar aus Landwehrhagen trat innerhalb eines Jahres weltweit bei 111 Marathonrennen an. Dreimal kam er allerdings nicht ins Ziel; zweimal mußte er aufgeben, einmal wurde er disqualifiziert – wegen verbotener Hundebegleitung. Immerhin, sein Marathonfleiß brachte ihm eine Sechs-Zeilen-Würdigung im *Guinness Buch der Rekorde* ein.

Da steht auch Stefan Schlett aus Kleinostheim drin. Der brachte das Kunststück fertig, einen Marathon zwischen den karibischen Inseln St. Thomas und Puerto Rico zu absolvieren. Und zwar an Bord des Kreuzfahrtschiffes *Meridian*, immer schön im Kreis herum.

Ach so, seine Zeit: 3:56:45 Stunden.

Damit unterbot Schlett die bestehende Bord-Bestzeit eines

gewissen Friedhelm Weidemann. Der hatte nämlich auf den Planken der *Queen Elizabeth II*, zwischen Southampton und New York, schon einen Hohe-See-Rekord (4:34) vorgelegt. Anfang November 1994 drehte er insgesamt 132 Runden á 320-Meter – macht genau einen Marathon.

Stimmt, Rekordsüchtige sind überall unterwegs. Aber besonders die Marathon-Szene bietet eine wunderbare Bühne für spleenige Typen und eigenwillige, schrullige, schräge Vögel.

Marathon. Bei diesem Wort schwingt inzwischen ja längst Bewunderung und Sympathie mit.

Marathon – das war mal ein Minderheitenprogramm für Eliteläufer und verhärmt aussehende Freaks, die von der Mehrheit eher bemitleidet wurden. Wer heute einen Marathon läuft, läuft längst nicht mehr Gefahr, belächelt zu werden. Im Gegenteil. Nicht nur die eigenen Bekannten, auch Hunderttausende, die als Zuschauer an der Strecke stehen, bestaunen jeden Marathonläufer, als wäre er ein Held des Alltags.

Marathon – das ist eine geradezu verführerische Situation, die sich wunderbar zur Selbstdarstellung eignet. Denn ein Marathon, der dauert nun mal – stundenlang.

Der texanische Marathonläufer Gordon Hartshorn hat keine Chance auf einen Marathonsieg und auch keine Chance, wenigstens mit ein paar würdigenden Zeilen ins *Guinness Buch der Rekorde* zu kommen. Aber im elektronischen Zeitalter gibt es ja das Internet. Der Vorteil: Jede Woche kann der Glatzkopf aus Fort Worth seinen persönlichen Rekord auf seiner Homepage (www.flash.net/~race26/world/index.html) aktualisieren. Denn auch er ist ein echter Rekordmann. Er lief bislang 224 Marathons (Bestzeit: 3:07:10), davon 74 Stück im Abstand von jeweils nur einer Woche. Auch das ist ein Weltrekord, von dem die Welt einfach Kenntnis haben muß, oder? Außerdem hat er in jedem der 50 amerikanischen Bundesstaaten einen Marathon hinter sich gebracht, was ihm bislang nur zwölf andere Läufer vorgemacht haben. Auch das sollen wir via Internet wissen.

Die Marathon-Spaßvögel

Gewiß, die meisten sind sicher froh, wenn sie nur bei einem Marathon gut über die Runden kommen. Aber manchen Marathonläufern ist selbst ein Marathon längst zu simpel geworden. Sie wollen mehr daraus machen als nur einen langen Lauf. Für sie ist jeder Marathon ein 42195 Meter langer Laufsteg, auf dem sie versuchen, die volle Distanz zum Beispiel einbeinig oder eben rückwärts zu absolvieren. Sie pfeifen auf Tights und Drylite-Shirts, sie schlüpfen statt dessen in Outfits wie Weihnachtsmänner oder Wikinger, Harlekins oder Pink Panther; sie zwingen sich in sperrige Nilpferdpanzer oder laufen zum Beispiel in einem Gerüst, das an den Eifelturm erinnern soll. Manchmal erfreuen auch Frischvermählte, die in ihrem Hochzeitsstaat mitlaufen, also sie in weißem Wallekleid und mit Schleier und er im schnieken Smoking. Die dürfen sich in jedem Feld als die Stars fühlen.

Beliebt scheint auch der Berufsstand der Kellner. Sie wählen gerne die Kulisse des Paris-Marathons oder die weinselige Atmosphäre des Médoc-Marathon bei Pauillac, laufen jedenfalls die ganze Zeit mit ausgestrecktem Arm. Denn in der Hand halten sie ja schließlich ein Tablett. Und darauf schwanken – wenn schon, denn schon – eine Flasche Champagner sowie feine Gläser.

Laufende Warnung: Ein ambitionierter Marathonmann will das Publikum mit seiner sehr ernsten Botschaft bekanntmachen.

Das kuriose Fernduell der Marathon-Sammler

Wie ein Uhrwerk lief Rolf Brokmeier: gleichmäßig, zuverlässig, ausdauernd. Im Laufe der Jahre perfektionierte er seinen Stil. Sein rechtes Knie drückte er nie voll durch. Denn rechts war Brokmeier 1 Meter 68 groß, links nur 1 Meter 63 – Folge eines verkürzten Beines, einer Kriegsverletzung.

Normalerweise war auf Rolf Brokmeier Verlaß. Wenn er sagte „Dreisechsunddreißig", dann war er pünktlich da, plus/minus vier Minuten. Selbst mit gebrochenem Mittelfußknochen (auf Teneriffa) und mit Muskelfaserriß (in Verden) stand er noch Marathonläufe durch. Wenn es schlecht lief, wenn er, wie man unter Experten sagt, vorübergehend „zu Fuß" gehen mußte, fingerte er zwei „Curvitala" gegen Gleichgewichtsstörungen aus der Hose und marschierte stur weiter. Nach einer halben Stunde lief es dann gewöhnlich wieder – und er trippelte durch bis ins Ziel.

Jahrelang lief der pensionierte Bürobote Rolf Brokmeier aus Hannover einem Ziel hinterher: Er wollte als „meistgelaufener Mann der Welt" Anerkennung finden.

In seiner Trainingskladde standen schließlich 240 000 Kilometer, sechsmal rund um den Globus. Sein tägliches Pensum um den Hannoverschen Maschsee (6,4 km) absolvierte er nachts zuweilen ein dutzendmal.

„Mein Auto", sagte Brokmeier, „nutze ich nur fürs Laufen." Er fuhr jährlich 40 000 Kilometer, um zu all seinen Starts zu kommen. An jedem Wochenende zwei. Rolf Brokmeier lief und lief.

Und er lief rot an, wenn er den Namen „Tarzan" hörte.

Tarzan, der Genußläufer

Als Tarzan nämlich, mit freiem Oberkörper und in einer Turnhose, als habe er einem Leoparden das Fell über die Ohren gezogen, lief der Münchner Architekt Alfred Pohlan durch die Welt, sommers wie winters. In Bad Tölz hielten ihn von seinem Tun nicht mal minus zehn Grad ab. Das machte den Tarzan in der Gilde der Läufer zu einem bekannten Unikum. Interessierten händigte er gerne einen selbstverfaßten Handzettel aus, auf dem er sich vorstellte als „Alfred Pohlan, bekannt als Tarzan". Minutiös hatte er aufgelistet, was er in seinem Leben bislang gelaufen war, besonders an den Wochenenden.

Was unter der Woche sein Leben bestimmte, tat weniger zur Sache. Als selbstständiger Architekt beschäftigte er ein Dutzend Mitarbeiter. Ein respektables Eigenheim im Münchner Stadtteil Bogenhausen repräsentierte sozusagen seine Schaffenskraft.

Einen Kellerraum, sein „Trinkstüberl", hatte er als Laufmuseum eingerichtet. Blaue Stecknadeln auf einer großen Weltkarte kennzeichneten seine Marathon-Schlachten: Boston, Tokio und Kapstadt, Stockholm, Srinagar/Kaschmir, Donaueschingen, Reykjavik, Katmandu und Illertissen, Husum, Hongkong und wer weiß noch, wo er schon war, Tarzan, der Marathonmann.

Auf „Tarzan" kam er aus zweierlei Gründen.

Erstens: „Man kann den Leuten doch nicht zumuten, daß da Langeweile aufkommt. Da rennt eine Turnhose nach der nächsten. Wenn da plötzlich einer wie ich kommt, freuen sich die Leut' doch." Der zweite Grund war sportlicher Natur. Wer läuft, schwitzt. Klar. Wer mit T-Shirt läuft, sammelt seinen Schweiß im T-Shirt. Logisch. Alfred Pohlan: „Da schleppt man ja ein Kilo

Heiliger Bimbam: Beim Marathon de Paris, immer kurz nach Ostern, ist auch der Weihnachtsmann dabei – mit langem Bart und kurzen Hosen.

zusätzlich mit sich rum. Dann lauf ich lieber halbnackt." Obwohl es ihm, wenn man genauer nachfragte, gar nicht so sehr auf die paar Minuten ankam, die er möglicherweise herausholen konnte, weil er mit einem Kilo weniger unterwegs war auf der Marathonstrecke. Für ihn waren Zeiten Zeiten. Und Gaudi Gaudi. Aber Gaudi spielte die erste Geige.

„Tarzan, der Lügenbaron", zürnte Rolf Brokmeier in Hannover. „Der Tarzan zählt doch auch kleine Volksläufe mit. Das ruiniert meinen Ruf als Rekordmann."

Tatsächlich war auch Brokmeier in der Branche mehr als nur ein namenloser Mitläufer. Veranstalter luden den „Weltrekordler" schon mal als Attraktion ein und erließen ihm das Startgeld. Linz lockte überdies mit einer materiellen Zuwendung, ausgerechnet mit einem Fahrrad. Ein Kumpel verhieß einen lukrativen Sponsorenvertrag mit einem Sportartikelhersteller.

Das alles, behauptete Brokmeier, sei in die Binsen gegangen, als im Fachblatt *Spiridon* eine Story über Tarzan stand und dessen 260 Marathons. Denn damals hatte Brokmeier erst 256.

Große Bühne: Flotte Selbstdarsteller – wie hier Mr. Pastry Cook oder rechts Fritz the Cat – lieben besonders den New York City Marathon. Denn jedesmal säumen rund zwei Millionen begeisterte Menschen die Straßen und belohnen besonderen Einfallsreichtum mit ganz besonderem Applaus.

Empört sandte er briefliche Schimpfe an den „lieben Sportkamerad Pohlan“ nach München.

Tarzan sah die Sache nicht so ernst. Tarzan war ein lebensfroher Mensch, der eigenen Bekundungen zufolge „alten Wein, junge Mädchen, Reiten und die K 100“ liebte, also sein Motorrad der Marke BMW mit 90 PS. Mit der bretterte er zu den Volks- und Marathonläufen in der näheren Umgebung.

Konkurrent Rolf Brokmeier hatte kein einfaches Leben. Er stammte aus kleinen Verhältnissen, kam mit halbsteifer Hüfte und fünf Zentimeter Beinverkürzung aus dem Krieg. 18 Jahre lang stand er bei VW am Fließband. Er baute einen Motorradunfall. Schädelbasisbruch. Zufällig lernte er Dr. Ernst van Aaken kennen, der später als Lauf-Papst in die Sportgeschichte einging. Der empfahl ihm: Laufen, laufen, laufen!

Also lief Rolf Brokmeier. Intensiver als andere, extensiver auch. Er ging weg von VW und wurde Bürobote bei der Bundesknappschaft, weil er da mehr trainieren konnte. Als er auch noch seine Frau verlor, wurde Laufen sein totaler Lebensinhalt. „Laufen füllt aus, auch die Zeit“, sagte er.

So also wurde er schließlich zum Marathon-Sammler.

Der Kilometerfresser

Ein skurriles Fernduell, das sich Rolf Brokmeier und Tarzan einst – in den 80er Jahren – geliefert haben. Der Marathon-Rekord, um den die beiden so kämpften, ist längst gefressen worden. Und zwar von Horst Preisler, der als Personalchef an einem Krankenhaus arbeitet – in der internationalen Marathonszene bekannt als der „Deutsche Lauf-Beamte“.

Nein, das Gefühl des Loslassens beim Laufen, den Zustand des Schwebens, kennt Preisler nicht. „Mir ist es nie gelungen, mich in einen Rausch zu steigern“, klagte er mal in einem Interview. Er läuft und läuft und läuft, weil es Rekordmarken gibt, und es sind Rekordmarken, denen er hinterherläuft. Manchmal läuft er in einem Monat neun Marathons, manchmal drei an einem Wochenende, wenn es sich irgendwie organisieren läßt.

Lange ist Preisler einem Traumrekord hinterhergelaufen. Denn die Bestmarke hatte die Lauflegende Sy Mah, ein amerikanischer Universitätsprofessor, zwischenzeitlich sogar auf 524 Marathons (einschließlich Ultras) hochgeschraubt. Dann starb Sy plötzlich.

Danach war der Amerikaner Frank Norm das Maß aller Dinge. Er lief in Buffalo bereits seinen 525. Marathon, als der Hamburger Horst Preisler noch unter 500 herumkrebste.

Aber dann in Nanisivik, hoch im kanadischen Norden, da machte Preisler seine magische 500 voll – und sah Land. In einem Artikel für *Spiridon* schrieb der hagere Hanseat Preisler sein verbissenes Marathonsammeln schön: „Plötzlich sieht man eine imaginäre Rangliste vor sich und ist mittendrin im Strudel. Berührt davon oder nicht, so etwas hat seinen Reiz, und solange dies nicht in persönliche Häßlichkeiten mündet, solange dies eine Nebensache bleibt und nicht zum zentralen Punkt des Laufens wird und damit von den Grundfreuden ablenkt, solange dies nicht so bierernst genommen wird – wer will etwas dagegen sagen?“

Längst liegt Preisler unangefochten in Führung. Seine Leistung wird nun auch offiziell im *Guinness Buch der Rekorde* gewürdigt, mit fünf Zeilen: „Die meisten Rennen über die Marathon- oder eine längere Distanz bestritt der deutsche Horst Preisler, der zwischen 1974 und dem 29. Mai 1996 insgesamt 631 Läufe absolvierte.“ Fünf Zeilen für eine Laufleistung, die umgerechnet so weit wäre wie die Strecke dreimal um die Erde.

Wenn Marathonmann Horst Preisler genausolange durchhalten kann wie Dimitrion Yordanis, dann schafft er womöglich noch die Distanz bis zum Mars. Denn Yordanis lief noch im hohen Alter von 98 Jahren einen Marathon. Die erstaunliche Zeit des griechischen Methusalems: 7:33 Stunden.

TOP END

Vorhergehende Doppelseite:
Rasante Renner: Längst bereichern Rollstuhlfahrer viele der City-Marathons. Die besten Rollis rüsten ihre Sportgeräte clever auf. Sie schaffen die Distanz fast doppelt so schnell wie die Weltelite der Marathonläufer, die zu Fuß unterwegs ist.

Die Marathon-Betrüger

Arme Jacqueline Gareau. Beim Boston Marathon 1980 lief sie ihr bestes Rennen. Als sie den Heartbreak Hill hinter sich hatte und die lange, lange Beacon Street hinuntertrippelte, jubelten ihr Tausende zu. Sie war die erste Frau im Feld, die sie sahen. Und auch Katherine Switzer, die das Rennen fürs Fernsehen kommentierte, sagte den Zuschauern: „Sie führt."

Das Gefühl des sicheren Sieges beflügelte die kleine Kanadierin. Doch eine Meile vor dem Ziel spürte sie eine atmosphärische Veränderung. Doch, die Zuschauer winkten ihr noch freundlich zu, aber nicht mehr so euphorisch wie bislang. Und auch Craig Donath, ihr zufälliger Mitläufer, wunderte sich über den plötzlichen Stimmungswandel und versuchte nun, das Publikum anzuheizen: „Hey, was ist los mit euch? Diese Frau ist doch die Siegerin."

Vonwegen. Als Jacqueline ins Ziel lief hörte sie die offizielle Durchsage: „Und hier kommt Jacqueline Gareau aus Kanada – die zweitbeste Frau."

Eine andere Läuferin stand nämlich schon auf dem Siegerpodest, winkte fröhlich den Zuschauern zu und trug bereits den obligatorischen Lorbeerkranz auf dem Kopf, Privileg für jeden Boston-Sieger.

Die Königin der Laufbetrüger hieß Rose Ruiz.

Eine Meile vor dem Ziel hatte sie sich mit der Startnummer W 50 ins Feld geschmuggelt, lief frech die letzten fünf Minuten des Rennens mit und ließ sich als Beste feiern.

Der Schwindel flog schnell auf. Jacqueline Gareau wurde eine Woche später zu einer offiziellen Siegeszeremonie geladen. Das war eine gutgemeinte, aber natürlich keine richtige Entschädigung. Denn wieviel mehr wert ist wohl das Gefühl, den Klassiker Boston Marathon zu gewinnen, dieser einmalige Kitzel, diese unzähligen Schauer des Glücks, die sich dann mit all den Strapazen mischen.

Um diese größten Gefühle, die im Leben eines Marathonläufers möglich sind, wurde Jacqueline Gareau leider von Rose Ruiz betrogen.

Die Urväter der betrügerischen Spaßvögel

Beim Marathon, dieser schweren Prüfung, hat es schon immer Betrüger gegeben. Der erste Fall wurde gleich beim ersten olympischen Marathon im Jahre 1896 aktenkundig.

Knapp acht Minuten nach dem Sieger Spiridon Louis und dreißig Sekunden nach dem Zweiten Charilaos Vasilakos lief ein dritter Grieche ein: Spyros Velokas. Auch er wurde stürmisch gefeiert. Allerdings: Er mußte nachträglich disqualifiziert werden, wegen Verletzung der Regeln. Erschöpft hatte er das Rennen aufgegeben und war auf einem Pferdefuhrwerk nach Athen kutschiert. Um einen besseren Eindruck zu machen, riet ihm ein griechischer Offizieller, vor dem Stadion abzusitzen und ins Ziel zu laufen. Das tat der gute Marathonmann, der keiner war, schließlich auch.

Staub, 32 Grad im Schatten. Eine buckelige Strecke mit vielen Windungen. Der dritte olympische Marathonlauf in St. Louis (1904) war wahrlich eine harte Prüfung. Am Start starke Amerikaner, darunter auch die drei letzten Boston-Sieger: Sam Mellor (1902), John Lordon (1903) und Michael Spring (1904).

Schlagzeilen machte freilich ein anderer: Der New Yorker Fred Lorz. Auch er sollte als betrügerischer Spaßvogel in die Annalen der Marathongeschichte eingehen.

Kilometer 19. Lorz lag an zweiter Stelle, hinter seinem Landsmann Thomas Hicks. Weiter lief er nicht, er hatte furchtbare Wadenkrämpfe und stieg in ein Begleitauto ein, ließ sich bis Kilometer 32 vorfahren, wartete auf eine günstige Gelegenheit, huschte zurück auf die Strecke, ordnete sich nun wieder brav hinter Hicks ein und lief das Rennen weiter, als wäre nichts geschehen.

Klar, er war natürlich noch frisch. Mühelos konnte er den führenden Hicks einholen und ihn spielend abhängen. Er lief als Erster ins Ziel (3:13), ließ sich feiern. Stolz posierte sogar die Schirmherrin der Spiele, die Präsidententochter Alice Roosevelt, mit Lorz fürs Siegerfoto.

Sympathieträger: Mit selbstgepinseltem Schild tritt dieser Hanseat an, um aus der Anonymität des großen Marathonfeldes herauszuragen.

Erst eine Viertelstunde später lief Hicks (3:28:53) durchs Ziel. Dem wahren Olympiasieger wurde kaum noch Beachtung geschenkt.

Aber der Schwindel flog dann doch auf. Lorz wurde vom amerikanischen Verband lebenslang gesperrt.

Lebenslang? Ein halbes Jahr später durfte er schon wieder an den Start. In Boston.

Fred Lorz siegte. Diesmal korrekt.

Die blaue Linie ist nicht immer Pfad der Tugend

Nicht Pferdekutschen oder Begleitfahrzeuge sind heutzutage gängige Vehikel für betrügerisches Erschleichen von Abkürzungen – meist sind es die städtischen U-Bahnen. Manche Stadtmarathons, etwa in New York oder in Berlin, laden labile Läufer besonders ein. Beim Wien-Marathon und auch beim hanse-Marathon in Hamburg wurden zuletzt jeweils fünf Teilnehmer überführt, nicht die ganze Strecke gelaufen zu sein. Sie wurden Opfer der modernen Marathon-Errungenschaft „Chip im Schuh", die eigentlich nur für eine objektive Zeitmessung aller Teilnehmer sorgen soll. Was die kleinen Lauf-Gauner nicht einkalkulierten: Der Schuh-Chip taugt auch als Instrument für Zwischenmessungen.

„Laufbetrüger sind zahlreicher, als wir gemeinhin annehmen, da nur wenige Fälle öffentlich werden", sorgte sich *Runner's-World*-Autor Werner Sonntag in einer Story über Abkürzer und U-Bahn-fahrende Marathonis. Er appellierte an die Ehre aller Sportsleute: „Die blaue Linie bei Meisterschaften und City-Marathons dient nicht nur der Orientierung über die Ideallinie, sie ist auch Pfad der Tugend."

Das Vertrauen auf den offiziellen Charakter der blauen Linie ging einmal, es war beim New York Marathon 1979, ganz schön schief. Denn in der Nacht vor dem Start hatten Spaßvögel den Orientierungsstreifen manipuliert. Sie löschten einen Teil der Blue Line und pinselten eine neue blaue Route auf die Straße. Die führte dann wirklich ins Blaue – nämlich sinnlos ins Aus.

Meist fallen Männer als Marathon-Betrüger auf. Sie sind normalerweise viel leistungsorientierter als Frauen, die mehr zum Spaß Marathon laufen.

„Die Ältesten sind die Schlimmsten", sagt Horst Milde, der Chef des Berlin-Marathons. Immer wieder sorgen betrügerische Abkürzer für amüsante Schlagzeilen. Zum Beispiel die Story eines 66jährigen Taxifahrers, der beim Frankfurt-Marathon seinen Heimvorteil und die prima lokalen Kenntnisse nutzte, und Abkürzungen wählte, die sich für ihn wirklich lohnten.

Der Mann gewann seine Altersklasse – flog dann aber auch auf.

Was läuft bloß im Kopf von Schummlern ab?

„Falscher Ehrgeiz, Auffallen um jeden Preis, Profilierungssucht", moralisierte *Runner's World.*

Fazit des Fachorgans: „Laufbetrüger betrügen sich am Ende doch nur selbst."

Stimmt.

Spaßmacher: Dieser stilvolle Harlekin erfreut die Zuschauer und macht den London Marathon zum privaten Freudenfest.

„In unserer total mechanisierten Gesellschaft nehmen sich Marathonläufer die Freiheit heraus, ihre Individualität auszuleben. Nennt sie Gesundheitsapostel oder ruhig Don Quichottes – vor allem sind alle ehrenwert."

Eric Segal, Schriftsteller

Die 25 reizvollsten Marathonläufe

Marathonläufe

Laufen vor historischer Kulisse: Der Maratona di Roma führt am Kolosseum vorbei. Jedes Jahr nehmen mehr als 5000 Läufer teil.

Marathonsammler haben wahrlich die Qual der Wahl: Jedes Jahr finden weltweit über tausend Marathonläufe statt: in Arusha, Anchorage und Arolsen, in Buffalo und Bad Füssing, Bangkok und Bräunlingen, in Pittsburg und Regensburg, in Sassenburg und Santiago, in Wroclaw und Wolgast und wer weiß noch wo. Je exotischer die Kulisse, um so reizvoller der Trip. Hier eine Auswahl der attraktivsten Marathonstädte und -strecken.

Berlin-Marathon

Der Termin:
Immer der vierte Sonntag im September (seit 1981).

Was den Kurs so reizvoll macht:
Besondere Momente: wenn es (seit 1990) durch das Brandenburger Tor geht, Unter den Linden, über den Alexanderplatz, Kreuzberg, Unter den Eichen, Hohenzollerndamm, wenn es schließlich die letzten zwei Kilometer über den Ku'damm geht und an der Gedächtniskirche vorbei. Den Marathon durch die ehemals geteilte Stadt kann man wie drei, vier Stunden Geschichtsunterricht erleben. Beim Berlin-Marathon laufen große Gefühle ab, er ist sehr gut organisiert, es macht einfach Spaß. Ein Weltklasse-Marathon, sagen die Insider. Für Einsteiger ist Berlin das ideale Pflaster.
Zuletzt über 25 000 Teilnehmer.

Das Streckenprofil:
Janz Berlin is eene Wolke, flach und schnell. Und noch schneller wird das Rennen für jeden durch die einmalige Unterstützung der begeisterungsfähigen Zuschauer.

Das voraussichtliche Wetter:
Meist angenehme 12–16 Grad Celsius.

Die Zuschauer an der Strecke:
Fast eine Million laute Berliner, die immer wieder wunderbar mitgehen. Unterwegs auch Tamtam von Musikgruppen, die live spielen und zusätzlich stimulieren.

Was es zu gewinnen gibt:
Für jeden *Starter* gibt's eine Tüte mit Infomaterial und offizieller Marathon-Broschüre.
Freier Eintritt zur Marathonparty.
Für *Finisher* unter 5:30 Stunden gibt's Medaille, Urkunde und Ergebnisliste.
Spezialpreise für die Sieger der Altersgruppen.
Preisgeld für *Eliteläufer* (Top 15): von 30 000 DM bis 600 DM.
100 000 DM Bonus für Weltbestzeit.

Was sonst noch geboten wird:
Donnerstag bis Samstag Marathonmesse in den Messehallen.
Samstag kann der Kurs aus dem Bus besichtigt werden (30 DM).
Samstag abend traditionelle Nudelparty.

Die Kontaktadresse:
Berlin-Marathon
Waldschulallee 34
14055 Berlin
Tel. 030/302 53 70
Fax 030/306 22 03
Internet: www.berlin-marathon.com

Historische Berliner Luft: Für jeden der rund 25 000 Marathonläufer sind die Schritte zum und durch das Brandenburger Tor atemberaubende Momente.

Big Sur International Marathon

Der Termin:
Immer der letzte Sonntag im April (seit 1986).

Was den Kurs so reizvoll macht:
Die Strecke von Monterey nach Carmel ist atemberaubend: großartige Natur, immer an der Küstenlinie des Pazifiks entlang. Der Highway 1 wird für ein paar Stunden zum attraktivsten Laufsteg der Welt. Dazu Livemusik, die zu Herzen geht: zum Beispiel vom Robert Louis Stevenson Orchestra. Teilnehmer schwärmen, hier würde es sich um einen geradezu mystischen, meditativen Kurs handeln. Dazu eine erstklassige Organisation.
Zuletzt knapp 3000 Teilnehmer.

Das Streckenprofil:
Prinzipiell geht es bergab. Start 100 Meter über dem Meeresspiegel, das Ziel neun Meter über N.N. Doch dazwischen immer wieder kleine Steigungen und eine große: Hurricane Point (180 Höhenmeter).

Das voraussichtliche Wetter:
Meist für Läufer angenehme 10–16 Grad Celsius (Startzeit: 7 Uhr morgens).

Die Zuschauer an der Strecke:
Recht wenige. Nur bei Kilometer 16 (Hurricane Point) und im Ziel ist mit moralischer Unterstützung von außen zu rechnen.

Was es zu gewinnen gibt:
Für jeden *Starter* gibt's ein langärmeliges T-Shirt und eine Tüte mit Infomaterial.
Finisher erhalten handgearbeitete Keramik-Medaillen. Sie werden außerdem Mitglied der Hurricane Point Survivors Association und können künftig mit Rabatt aufs Startgeld rechnen.
Spezialpreise für die fünf Besten jeder Altersgruppe.
Preisgeld für *Eliteläufer*: insgesamt bescheidene 20 000 Dollar. Für den Sieger: 1000 Dollar. Für einen neuen Streckenrekord: 2000 Dollar.

Was sonst noch geboten wird:
Freitag und Samstag eine kleine Fitneßmesse im Monterey Conference Center (gleichzeitig Ort der Startnummernausgabe und Akkreditierung). Shuttle-Bus-Service zum Start und vom Ziel zurück.
Samstag abend Nudel-Buffet und Jazz live. Nach dem Rennen klassische Konzerte.

Die Kontaktadresse:
Big Sur International Marathon
P.O. Box 222620
Carmel, CA 93922-26200
USA
Tel. 001/408/625-6226
Fax 001/408/625-2119
Internet: www.bsim.org

Boston Marathon

Der Termin:
Immer der dritte Montag im April (seit 1897).

Was den Kurs so reizvoll macht:
„Die Mutter aller Marathons“ – das traditionelle Rennen in Boston ist zusammen mit dem Spektakel in New York City das Maß aller Dinge – ein wirkliches Marathonfest. Hier starten die Besten der Besten. Auch normale Teilnehmer müssen überdurchschnittlich gute Qualifikationszeiten (vom Alter abhängig) nachweisen. Limitiertes Feld: 15 000 Teilnehmer.

Das Streckenprofil:
Der historische Kurs (Start im Vorort Hopkinton) hat immer leichtes Gefälle, folgt der Route 135 und führt durch die Stadtteile Ashland, Framingham, Natick und Wellesley. Zwischen Meile 20 und 21 der berüchtigte Anstieg Heartbreak Hill und dann die lange Beacon Street ins Ziel. Eine der schnellsten Strecken der Welt.

Das voraussichtliche Wetter:
Für Läufer angenehm kühle 10–13 Grad Celsius.

Die Zuschauer an der Strecke:
Der Feiertag „Patriots Day“ und die Tradition des Rennens mobilisieren die Massen: Rund 1,5 Millionen laufbegeisterte Menschen säumen regelmäßig die Strecke – und helfen den Läufern auch in Notfällen. Über 1100 Reporter covern das Rennen.

Was es zu gewinnen gibt:
Für jeden *Starter* gibt’s ein langärmeliges T-Shirt und das offizielle, informative Marathon-Heft.
Für *Finisher* unter sechs Stunden gibt’s Medaille, Urkunde und Ergebnisliste.
Boston ist *das* Ereignis für *Eliteläufer*: 600 000 Dollar Preisgelder; der Sieger kassiert 100 000 Dollar plus Bonus für Rekordzeiten.

Was sonst noch geboten wird:
Samstag und Sonntag Sports- und Fitneß-Expo.
Sonntag abend traditionelle Boston Marathon Pasta-Party. Nach dem Rennen noch eine große Dinner-Party mit Live-Musik.

Die Kontaktadresse:
Boston Athletic Association
131 Clarendon Street
Boston, MA 02116
USA
Tel. 001/613/236-16 52
Fax 001/617/236-45 05
Internet: www.bostonmarathon.org

The Mother of Marathons: ein Muß für Marathon-Globetrotter. Denn über dem renommierten Rennen in Boston liegt der ganz besondere Glanz von Tradition und Toporganisation.

Budapest-Marathon

Der Termin:
Immer der erste Sonntag im Oktober (seit 1986).

Was den Kurs so reizvoll macht:
Dieser Marathon ist ein optimaler Einstieg, um die ungarische Metropole an der schönen blauen Donau per pedes kennenzulernen. Ein klassischer Stadtkurs, der kaum eine der Attraktionen ausläßt: Kettenbrücke, Oper, Zitadelle, Parlament, Margaretheninsel.
Zuletzt rund 1500 Teilnehmer.

Das Streckenprofil:
Weitgehend flach. Ausnahme: die Steigungen zu diversen Brücken.

Das voraussichtliche Wetter:
Meist für Läufer angenehme 10–18 Grad Celsius.

Die Zuschauer an der Strecke:
Bei Start und Ziel auf der Obudai-Insel herrscht großes Interesse; unterwegs werden die Läufer wohlwollend unterstützt.

Was es zu gewinnen gibt:
Für jeden *Starter* gibt's ein T-Shirt.
Freier Eintritt zur Marathonparty.
Für *Finisher* gibt's Medaillen und eine Tüte mit Verpflegung. Urkunde und Ergebnisliste kommen per Post.
Prämie für die *Sieger*: 120 000 Forint – das sind bescheidene 1000 DM.

Was sonst noch geboten wird:
Großes Fest: Konzerte, Imbiß, Feuerwerk.

Die Kontaktadresse:
Budapest-Marathon
Budapest-Sport-Büro
Postfach 332
1438 Budapest
Ungarn
Tel. 00 36/1/267 65 60
Fax 00 36/1/267 65 61
Internet: www.dataware.hu/bsi

Chicago Marathon

Der Termin:
Immer der dritte Sonntag im Oktober (seit 1977).

Was den Kurs so reizvoll macht:
Die Metropole am Lake Michigan ist ohnehin ein attraktives Reiseziel (Architektur, Museen, Chicago Bulls). Der Marathon: ein klassischer Stadtkurs. Interessante Schleife durch Downtown Chicago, vorbei am historischen Wrigley Building, am Hancock Tower, dreimal über den Chicago River, entlang dem Lake Michigan.
Start und Ziel: zentral im Grant Park, einem großen Grün zwischen Seeufer und der imposanten Skyline. Die großen Hotels sind in Gehweite. Keine langen Wartezeiten.
Zuletzt über 20 000 Teilnehmer.

Das Streckenprofil:
Chicago könnte auch Windy City am Michigan-See heißen. Zuweilen macht Gegenwind zu schaffen. Aber die Strecke ist ganz eben – und eben deshalb eine der schnellsten der Welt.

Das voraussichtliche Wetter:
Meist für Läufer angenehme 10–15 Grad Celsius.

Die Zuschauer an der Strecke:
Rund 200 000, die begeistert mitgehen. Unterwegs auch diverse Musikgruppen, die live spielen und zusätzlich stimulieren.

Was es zu gewinnen gibt:
Für jeden *Starter* gibt's ein T-Shirt, eine Tüte mit Infomaterial und die offizielle Marathon-Broschüre.
Freier Eintritt zur Marathonparty.
Für *Finisher* unter 5:30 Stunden gibt's Medaille, Urkunde und Ergebnisliste.
Spezialpreise für die Sieger der Altersgruppen.
Preisgeld für *Eliteläufer*: insgesamt 300 000 Dollar in zehn Klassen.

Was sonst noch geboten wird:
Freitag (11–20 Uhr) und Samstag (9–18 Uhr) Gesundheits- und Fitneßmesse mit über 100 Ausstellern im Chicago Hilton & Towers (gleichzeitig Ort der Startnummernausgabe und Akkreditierung).
Samstag ab 18 Uhr große Nudel-Dinner-Party.

Die Kontaktadresse:
The LaSalle Banks Chicago Marathon
P.O. Box 10597
Chicago, Il 60610-0597
USA
Tel. 001/312/243-00 03
Fax 001/312/243-56 52
Internet: www.ChicagoMarathon.com

Schnelles Pflaster: Beim Chicago Marathon startet jedes Jahr im Oktober ein Großteil der Weltelite – aber auch ein großes Feld von Marathonläufern.

Frankfurt-Marathon

Der Termin:
Immer der letzte Sonntag im Oktober (seit 1981).

Was den Kurs so reizvoll macht:
Eine Stadt der Gegensätze: Frankfurt ist einerseits moderne Welt- und Busineß-Stadt, aber auch traditionelle hessische Metropole mit über 1200 Jahren Geschichte. Start und Ziel am Messeturm.

Zuletzt rund 9000 Teilnehmer.

Das Streckenprofil:
Konsequent flacher Kurs, eine schnelle, flüssig zu laufende Strecke, die psychologisch klug aufgebaut ist: Das erste Drittel führt durch die Innenstadt, die ruhigeren Streckenteile liegen im zweiten Drittel. Zuletzt Höchst, Sachsenhausen und Innenstadt, wo der Applaus ins Ziel trägt.

Das voraussichtliche Wetter:
Meist für Läufer annehmbare 9–14 Grad Celsius, zuweilen ziemlich windig.

Die Zuschauer an der Strecke:
Rund 300 000, die begeistert mitgehen. An acht Punkten Live-Musik. In den Bürostadtteilen und der langen Mainzer Landstraße ist eher tote Hose.

Was es zu gewinnen gibt:
Für jeden *Starter* gibt's einen Jutebeutel mit Infomaterial (Programmheft, Marathon-Zeitung, Trainingskalender).

Freier Eintritt zur Marathon-Kartoffelparty.

Für *Finisher* (Zielschluß nach 5:30) gibt's Medaille und Vorab-Urkunde ca. eine Stunde nach dem Zieleinlauf. Ergebnisliste in der FAZ.

Spezialpreise für die Sieger der Altersgruppen.

Preisgeld für *Eliteläufer*: rund 100 000 Dollar.

Was sonst noch geboten wird:
Samstag in der Festhalle am Fuße des Messeturms Marathonparty mit Unterhaltungsprogramm. Marathon-Imbiß nach dem Lauf. Sonntag stimmungsvolle Siegerehrung.

Die Kontaktadresse:
Eta-Marathon-Frankfurt
Bischofsweg 32
60598 Frankfurt am Main
Tel. 069/68 60 70 15
Fax 069/68 60 70 90
Internet: www.macona.de/FrankfurtMarathon

Frankfurt-Marathon: Die Strecke durch die Mainmetropole ist abwechslungsreich, wie hier im Bankenviertel, vorbei am Glaspalast der Deutschen Bank. Sehr gut: die Infrastruktur im Start- und Zielbereich.

Hamburg-Marathon

Der Termin:
Der dritte oder vierte Sonntag im April (seit 1986)

Was den Kurs so reizvoll macht:
Reeperbahn, Elbchaussee, St.-Pauli-Fischmarkt, Landungsbrücken, Jungfernstieg, Alster, Winterhude, Alsterdorf, Eppendorf, Harvestehude, Alsterufer, Messe – die Hansestadt präsentiert sich beim Marathon von ihrer allerbesten Seite. Dazu diese fröhliche Volksfeststimmung, die kaum jemand ausgerechnet vom Hamburger Publikum erwartet, sowie perfekte Organisation. Hamburg hat längst zur Spitzengruppe europäischer Marathons aufgeschlossen.
Zuletzt fast 12 000 Teilnehmer.

Das Streckenprofil:
Kaum Höhenunterschied, ideale Witterungsbedingungen, abwechslungsreicher, schneller Kurs.

Das voraussichtliche Wetter:
Für Läufer meist angenehme 12–20 Grad Celsius.

Die Zuschauer an der Strecke:
Hamburg steht Spalier: über 500 000, die begeistert mitgehen. Unterwegs auch diverse Musikgruppen, die live spielen und zusätzlich stimulieren.

Was es zu gewinnen gibt:
Für jeden *Starter* gibt's einen Jutesack mit Infomaterial und der offiziellen Marathon-Broschüre.
Für alle *Finisher* unter 5:00 Stunden gibt's Medaille, Urkunde und Ergebnisliste.
Spezialpreise gibt es für die ersten Drei jeder Altersklasse.
Preisgeld für *Eliteläufer*: rund 100 000 DM.
Siegprämie: 10 000 DM.

Was sonst noch geboten wird:
Freitag und Samstag Marathon-Messe. Der Streckenverlauf kann vorher besichtigt werden (Preis: 10 DM).
Samstag ab 18 Uhr Kartoffel-Party, Messegelände.

Die Kontaktadresse:
Shell-Marathon
Postfach 606220
22254 Hamburg
Tel. 040/61 67 73
Fax 040/61 49 78
Internet: www.championchip.de/SHELL-Marathon

Trinkstation: Der Hamburg-Marathon ist sehr nah am Wasser organisiert. Das Feld läuft durch die Hafengegend und entlang von Elbe und Alster. Meist herrschen ideale Witterungsbedingungen in der Hansestadt – dann kommen schon mal Frühlingsgefühle auf.

Honolulu Marathon

Der Termin:
Immer der zweite Sonntag im Dezember (seit 1974).

Was den Kurs so reizvoll macht:
Aloha. Ein attraktiver Touristen-Marathon für Europäer, die einen exotischen Marathon durchleiden und in der Vorweihnachtszeit noch mal Sonne total tanken möchten. Reiseveranstalter bieten preiswerte Pauschalarrangements. Weil es von Tokio bis Hawaii nur gut sechs Flugstunden sind, melden jedes Jahr rund 20 000 Japaner. Viele gehen, das Ziel ist zehneinhalb Stunden geöffnet. Zuletzt über 33 000 Teilnehmer.

Das Streckenprofil:
Mühsamer Hin-und-zurück-Kurs für Frühaufsteher. Die über 35 000-Läufer-Stampede wälzt in der Dunkelheit ab Aloha Tower. Hinter dem Waikiki Strip eine Steigung (Diamond Head), die auf der Rückrunde sehr giftig werden kann. Der Marathon-Mittelteil ist etwas öde.

Das voraussichtliche Wetter:
Puh. Beim Start, morgens um 5 Uhr, noch angenehme 20 Grad; aber für Fünf-Stunden-Läufer wird es richtig heiß – bis 36 Grad Celsius im Schatten (doch wo ist schon Schatten?), hohe Luftfeuchtigkeit.

Die Zuschauer an der Strecke:
Zahlreich und munter. Wenn nämlich jeder Teilnehmer nur drei Freunde mobilisiert, stehen schon über 100 000 Applaudeure an der Strecke. Unterwegs auch Musikgruppen, die live spielen und stimulieren.

Was es zu gewinnen gibt:
Für jeden *Finisher* gibt es das begehrte Finisher-T-Shirt, eine Medaille an einer Muschelkette, Urkunde und Ergebnisliste.
Pokale für die jeweils besten Drei ihrer Altersklasse.
Bescheidenes Preisgeld für *Eliteläufer*.

Was sonst noch geboten wird:
Mittwoch bis Samstag (10–18 Uhr) Sports Expo im Kapiolani Park.
Freitag ab 18 Uhr große Nudelparty und T-Shirt-Tausch.

Die Kontaktadresse:
Honolulu Marathon Association
3435 Waialae Avenue, Room 28
Honolulu, HI 96816
USA
Tel. 001/808/734-72 00
Fax 001/808/732-70 57
Internet: www.honolulumarathon.org

Aloha und heißes Pflaster: Der Honolulu Marathon ist das größte und das grausamste Ereignis – eine Hitzeschlacht. Noch freut sich das Fußvolk am Schluß des Feldes über die schöne exotische Kulisse.

Jungfrau-Marathon

Der Termin:
Immer der erste Samstag im September (seit 1993).

Was den Kurs so reizvoll macht:
Die Kulisse ist fast so schön, wie wir sie aus Heidi-Filmen kennen: diese zauberhafte alpine Bergwelt, blühende Wiesen, blitzsaubere Chalets und immer wieder sogar plätschernde Bäche. Ein Marathon mit Panoramablick mitten durch *die* Schweizer Urlaubslandschaft.
Zuletzt knapp 2500 Finisher. Nur rund 100 Läufer steigen aus.

Das Streckenprofil:
Ein unglaublich schöner, aber sicher auch der schwerste europäische Kurs (1863 Höhenmeter zu überwinden). Der Start gegenüber dem renommierten Hotel Victoria Jungfrau in Interlaken rund 600 Meter über dem Meeresspiegel, das Ziel an der Kleinen Scheidegg über 2200 Meter hoch. Dazwischen, bei km 40, noch die Eigermoräne (2400 m). Streckenrekord: 2:55:07 Stunden bei den Männern und 3:22:50 bei den Frauen.

Das voraussichtliche Wetter:
Meist für Läufer angenehme 12–20 Grad Celsius.

Die Zuschauer an der Strecke:
Naturgemäß spärlich. Clevere Zuschauer können das Rennen mit der Bahn ab Interlaken Ostbahnhof verfolgen, bis Lauterbrunnen. Dann weiter bis Wengen – Kleine Scheidegg. Lautsprecherdurchsagen an allen Schlüsselstellen.

Was es zu gewinnen gibt:
Für jeden *Finisher* gibt's ein T-Shirt, Medaille, Urkunde und Ergebnisliste.
Spezialpreise für jeden Sieger der 16 Altersgruppen.
Außerdem wird ein Trip für zwei Personen zum New York Marathon ausgelost.
Preisgeld für *Eliteläufer*: insgesamt 35 000 Franken. Die Sieger dürfen auf Kosten des Veranstalters nach Japan fliegen: zum Berglauf am Fuji.

Was sonst noch geboten wird:
Freitag von 13.30 bis 18.30 Uhr Nummernausgabe und offizielle Zeremonie. Ab 18 Uhr in mehreren Restaurants in Interlaken, Lauterbrunnen und Wengen Nudelparties zu Spezialpreisen. Nach dem Rennen kostenlose Bahnfahrt zurück nach Interlaken und die Möglichkeit, sich massieren zu lassen.

Die Kontaktadresse:
Jungfrau-Marathon
P.O. Box 41
CH-3112 Allmendingen/Bern
Tel. 00 41/79 4 21-95 00
Fax 00 41/31 9 51-75 62
Internet: www.jungfrau-marathon.ch

Köln-Marathon

Der Termin:
Der erste Sonntag im Oktober (seit 1997).

Was den Kurs so reizvoll macht:
Karnevalsstimmung im Oktober, Remmidemmi-Laune, eine abwechslungsreiche Streckenführung (Start in Deutz, am Rhein entlang, dann Schleifen durch die Innenstadt und Altstadt, Ziel am Dom) – der Kölner Marathon konnte sich vom Start weg auf sympathische Weise in der Laufszene etablieren. Eine Bereicherung im internationalen Kalender. Allerdings: Zur Zeit kommen noch 80 Prozent der Teilnehmer aus der Region.
Schon über 10 000 Teilnehmer.

Das Streckenprofil:
Typischer Stadtmarathon: abwechslungsreich und günstig für schnelle Zeiten.

Das voraussichtliche Wetter:
Meist für Läufer angenehme 10–15 Grad Celsius.

Die Zuschauer an der Strecke:
Rund eine halbe Million karnevalserprobte Menschen erweisen sich als große Hilfe für jeden Läufer.

Was es zu gewinnen gibt:
Für jeden *Starter* gibt's ein T-Shirt, eine Tüte mit Infomaterial und die offizielle Marathon-Broschüre.
Für *Finisher* gibt's Medaille, Urkunde und Ergebnisliste.
Preisgeld für *Eliteläufer*: rund 100 000 DM.

Was sonst noch geboten wird:
Marathon-Messe in der neuen, freundlichen Köln-Arena. Laufkongreß in Zusammenarbeit mit der Deutschen Sporthochschule.

Die Kontaktadresse:
Ford-Köln-Marathon
Kölner Verein für Marathon e. V.
Stadion Müngersdorf
50933 Köln
Tel. 02 21/94 94-222/223
Fax 02 21/94 94-224
Internet: www.express.de/koeln-marathon

Sightseeing in Laufschlappen: Der London Marathon ist auch ein massenhafter Trip durch die Geschichte. Eines von vielen historischen Highlights für die über 30 000 Teilnehmer: Tower Bridge.

London Marathon

Der Termin:
Immer der dritte Sonntag im April (seit 1981).

Was den Kurs so reizvoll macht:
Ein Massenspektakel im Mutterland des Laufsports. Der London Marathon ist jedes Jahr ein Fest für Läufer und Zuschauer. Beste Organisation und für die Teilnehmer eine spannende Sightseeing-Tour. Start im Industriegebiet Blackheath. Die Strecke führt durch attraktive (Greenwich) und weniger schöne Gebiete, zum Schluß dann Highlights: Tower of London, Houses of Parliament, Big Ben und Buckingham Palace.
Der London Marathon war jahrelang führend, was das Feld betraf. Inzwischen sind in Honolulu und New York mehr Läufer unterwegs. Zuletzt über 30 000 Teilnehmer.

Das Streckenprofil:
Punkt-zu-Punkt-Kurs. Trotz teilweise ziemlich rauhem Asphalt sehr schnell.

Das voraussichtliche Wetter:
Meist frisch, um 10–12 Grad Celsius.

Die Zuschauer an der Strecke:
Gut 500 000, die alles andere als britisch-zurückhaltend sind, sondern begeistert mitgehen. Unterwegs viel Spektakel, Live-Musik, besonders an den touristischen Brennpunkten.

Was es zu gewinnen gibt:
Jeder *Finisher* bekommt ein T-Shirt und eine Medaille.
Insgesamt 295 000 Dollar Prämien für *Eliteläufer* (für den Sieger 55 000 Dollar, 1000 Dollar für Platz 12 bzw. 10 bei den Frauen). Dazu Extraprämien für Rekordzeiten.

Was sonst noch geboten wird:
Viertägige Marathon-Messe in Earls Court.

Die Kontaktadresse:
The London Marathon
P.O. Box 1234
London SE1 8RZ
United Kingdom
Tel. 00 44/171/620-41 17
Fax 00 44/171/620-42 08

Madrid-Marathon

Der Termin:
Immer der letzte Sonntag im April.

Was den Kurs so reizvoll macht:
Die Spanier sind ein marathonbegeistertes Volk. Immer wieder bringen sie Weltklasse-Marathonläufer hervor (Abel Anton, Martin Fiz, Fabian Roncero, Alberto Juzdado). Klar, da wird der wichtigste spanische Marathon in der Hauptstadt zum Fest für alle Beteiligten.
Zuletzt über 5000 Teilnehmer.

Das Streckenprofil:
Der eher flache Kurs wurde in den letzten Jahren ein paar mal geändert. Jetzt geht nur noch ein Teil der Strecke durch Außenbezirke, der Großteil geht durch die atmosphärisch interessante City.

Das voraussichtliche Wetter:
Meist für Läufer angenehm, um 15 Grad Celsius.

Die Zuschauer an der Strecke:
Rund 800 000 Menschen unterstützen jeden Läufer auf der fröhlichen Tour.

Was es zu gewinnen gibt:
Für jeden *Starter* gibt's ein T-Shirt,
für *Finisher* unter 5:50 Stunden gibt's eine Medaille und Urkunde.
Spezialpreise für die besten Drei jeder Altersklasse
Bescheidenes Preisgeld für die *Top-20-Läufer*.

Was sonst noch geboten wird:
Marathonmesse (Feria del Corredor) von Donnerstag nachmittag bis Samstag nacht.
Samstag abend Nudelparty (freier Eintritt).
Sonntag nacht Post-Marathon-Party in einer Disco.

Die Kontaktadresse:
Maraton Popular de Madrid
c/o Linneo 4
E-28005 Madrid
Tel. 00 34/1/366 97 01
Fax 00 34/1/364 03 13
Internet: www.mapoma.es

Médoc-Marathon

Der Termin:
Immer der erste Samstag im September (seit 1985).

Was den Kurs so reizvoll macht:
Laufen wie Gott in Frankreich: Käse und Austern (bei km 39) statt Bananen und Müsliriegel, Rotwein statt Gatorade. Endzeiten spielen hier eine untergeordnete Rolle, Genuß steht bei den meisten obenan. Ein langer Lauf für Liebhaber. Viele treten kostümiert an. Sie betrachten den „Marathon des Chateaux du Médoc" als originellste, längste und attraktivste Weinprobe der Welt. Insgesamt 22mal ist Gelegenheit dazu. Start: in Pauillac, rund eine halbe Autostunde nördlich von Bordeaux, im Südwesten Frankreichs.
Auf 7500 Teilnehmer limitiert.

Das Streckenprofil:
Weinselig. Die Orientierungspunkte klingen verführerisch: Lafite-Rothschild, Mouton-Rothschild, Clos d'Éstourel, Latour, Pontet-Canet, Le Bosco, Tronquoy-Lalande, Montrose, Haut-Marbuzet – lauter klingende Kellereinamen.

Das voraussichtliche Wetter:
Meist für Läufer angenehme 10–15 Grad Celsius.

Die Zuschauer an der Strecke:
Rund 200 000, die begeistert mitgehen. Unterwegs auch diverse Musikgruppen, die live spielen und zusätzlich stimulieren.

Was es zu gewinnen gibt:
Für *Finisher* gibt's ein T-Shirt, Medaille – und eine Flasche Wein.
Spezialpreise für die besten Kostüme und die Sieger der Altersklassen.
Die Sieger werden in Wein aufgewogen.

Was sonst noch geboten wird:
Beim Médoc-Marathon wird drei Tage lang gefeiert. Viele der zahlreichen Chateauxs können besucht werden und bieten kostenlose Weinproben. Schwer, einen klaren Kopf zu behalten.
Freitag abend ein Diner im Schloß.

Die Kontaktadresse:
A.M.C.M.
Maison du Vin
F-33250 Pauillac
France
Tel. 00 33/556/59 17 20

Mt. Everest Challenge Marathon

Der Termin:
Ende Oktober, Anfang November (seit 1991).

Was den Kurs so reizvoll macht:
Dieser Marathon ist das ultimative Hochgefühl. Auch für jene, die schon alle großen und exotischen Events gesammelt haben. Laufen in der Höhenluft, aber immer noch zu Füßen der Achttausender Lhotse, Makalu, Kangchenjunga und dem Berg der Berge. Der Mt. Everest Challenge Marathon ist seit ein paar Jahren praktisch die dritte Etappe eines 100-Meilen-Himalaya-Rennens. Start in Sandakphu, in fast 4000 Meter Höhe. Das Ziel: Rimbik, gut 2000 Meter über N.N. Eine aufreibende Herausforderung für die zähesten Bergathleten.
Handverlesenes Feld, nur ein paar Dutzend Teilnehmer. Die Anreise: ein dreiwöchiger Trek. Kann nur als Package (inkl. Unterkunft, Verpflegung, Träger und Transport) gebucht werden.

Das Streckenprofil:
Außergewöhnliche Klima-, Höhen- und Geländebedingungen. Höhenkämme, durch unwegsames Bergland und Dschungelgebiet. Die Bestzeit spricht Bände: knapp über 4 Stunden, bei den Frauen sogar knapp über fünf Stunden.

Das voraussichtliche Wetter:
Klar, in der Höhenlage sehr kühl. Minustemperaturen.

Die Zuschauer an der Strecke:
Jeder Läufer ist fast die ganze Zeit mit dem Wind, seinen Gedanken und der Pein allein.

Was es zu gewinnen gibt:
Für jeden *Starter* gibt's ein T-Shirt, eine Plakette, Urkunde und kleine Geschenke.

Was sonst noch geboten wird:
Das Ausgesetztsein und der atemberaubende Blick auf die höchsten Berge der Welt.

Die Kontaktadresse:
Mt. Everest Challenge Marathon
Himalayan Run & Treck Pvt.Ltd.
35-D, Pocket A, Group-2, Dilshad Garden
Delhi 110095
India
Tel. 00 91/11/228-58 05
Fax 00 91/11/222-48 11
Internet: www.himalayan.com

Mt. Meru Marathon

Der Termin:
Immer der erste Sonntag im August (seit 1985).

Was den Kurs so reizvoll macht:
Ein Marathon im Herzen Afrikas. Arusha, Ausgangspunkt für viele Safaris, liegt zu Füßen von Afrikas zweithöchstem Berg (4500 m). Bis zum Kilimandscharo sind es nur 70 Kilometer. Weiße Läufer stellen beim Mount Meru Marathon eine kleine Minderheit. Die große Mehrheit der lokalen Teilnehmer läuft übrigens unter drei Stunden.
Zuletzt weniger als 500 Teilnehmer.

Das Streckenprofil:
Nicht leicht. Immerhin liegt die Provinzmetropole Arusha knapp 1500 Meter hoch. Der Kurs führt eine Runde durch die Stadt, über den Highway zum Ngorongoro-Krater, durch vulkanische Landschaft, Kaffeeplantagen und zurück nach Arusha.

Das voraussichtliche Wetter:
Trockenzeit. Gerade noch erträgliche 20–24 Grad Celsius.

Die Zuschauer an der Strecke:
Lokale Musikgruppen heizen rhythmisch an. Das Publikum versucht lautstark, seine tansanischen Athleten zum Sieg zu schreien. Kinder stehen Spalier, und manche rennen in Sandalen kilometerweit neben den Läufern her – so als wär das nichts.

Was es zu gewinnen gibt:
Für jeden *Starter* gibt's ein T-Shirt.
Finisher bekommen eine offizielle Urkunde.
Für die besten zehn Läufer und Läuferinnen gibt's Pokale und Prämien, 1600 Dollar für den Sieger. Preisgeld insgesamt: 13 000 Dollar.

Was sonst noch geboten wird:
Kilimandscharo, Manyara-See, Ngorongoro-Krater, Serengeti-Safari sind, wenn man schon hier ist, ein Muß.
Alle ausländischen Starter sind zur Pressekonferenz eingeladen. Nach dem Rennen findet eine Siegesfeier mit Dinner im Impala Hotel statt.

Die Kontaktadresse:
Mt. Meru International Marathon
P.O. Box 855
Arusha
Tanzania
Tel. 002 55/51-23 94
Fax 002 55/57-82 26
oder Tel. 001/800/765-62 52
Fax 001/707/579-1108
Internet: www.gpfd.org

Der Reiz exotischer Extreme: Mal ist es das Ambiente von Polynesien (rechts beim Marathon de Moorea), mal die Qual der Wüste (unten: Marathon des Sables), dann wieder sind es Höhenlage oder kulinarische Genüsse, von denen sich Marathonläufer angelockt fühlen.

Napa Valley Marathon

Der Termin:
Immer der erste Sonntag im März (seit 1979).

Was den Kurs so reizvoll macht:
Ein Highlight für Weinliebhaber. Die ersten zehn Jahre blieb dieser Marathon mitten durch das kalifornische Wein-Dorado von Napa Valley, von Calistoga immer dem Silverado Trail entlang, ein lokales Ereignis. Doch längst findet diese stilvolle Strecke ähnlichen Anklang wie die Produkte, die hier gedeihen – und zwar weltweit. Die Sieger werden übrigens auf einer speziellen Trophäe, nämlich einer 7-Liter-Flasche Zinfandel, verewigt, die im Showroom des Hauptsponsors steht.
Zuletzt rund 2000 Teilnehmer.

Das Streckenprofil:
Rebstöcke ringsum. Ein halbes Dutzend prächtige, verführerische Weinkellereien und drei kleinere Erhebungen, die auf den ersten acht Kilometern überwunden werden müssen – sonst gibt es keine Überraschungen.

Das voraussichtliche Wetter:
Man muß mit Kapriclen rechnen: mal kühl, mal über 20 Grad Celsius.

Die Zuschauer an der Strecke:
Nur sehr wenige.

Was es zu gewinnen gibt:
Für jeden *Starter* gibt's ein T-Shirt.
Für *Finisher* gibt's Medaillen.
Spezialpreise für die Sieger der Altersgruppen.
Naturalien für *Eliteläufer*: freie Kost und Logis – und für die Besten eine 6-Liter-Flasche Sutter Home Zinfandel.

Was sonst noch geboten wird:
Samstag kleine Sport- und Fitneßmesse im Napa Valley Marriott. Der Marathon fällt in die Zeit des Napa Valley Mustard Festival – da gibt es reichlich Gutes zu essen und zu trinken, inklusive Wein- und Senf-Probe. Hier können Hunderte von köstlichen Sorten verkostet werden.

Die Kontaktadresse:
Sutter Home Napa Valley Marathon
P.O. Box 4307
Napa, CA 94558-0430
USA
Tel. 001/707/255-26 09

New York City Marathon

Der Termin:
Immer der erste Sonntag im November (seit 1976).

Was den Kurs so reizvoll macht:
Was für eine gigantische Stadt! Was für ein enthusiastisches Publikum! Was für eine prickelnde, ansteckende Atmosphäre! Was für ein mitreißender Marathon! Das größte Sportspektakel der Welt. Jedes Jahr bewerben sich rund 80 000 Läufer aus über 100 Ländern. Die begehrten Startnummern werden teilweise verlost. New York City ist ideal für jeden Marathon-Debütanten – denn hier wirst du von den Zuschauern ins Ziel getragen. Fast. Zuletzt über 34 000 Teilnehmer.

Das Streckenprofil:
Start auf der markanten Verrazano-Narrows-Brücke. Flacher Kurs. Ein paar Brücken und zum Schluß ein leichter Anstieg im Central Park, die schwerfallen können.

Das voraussichtliche Wetter:
Wechselhaft. Manchmal schön herbstlich, oft aber auch kühl, windig oder regnerisch.

Die Zuschauer an der Strecke:
Rund zwei Millionen Menschen (!), die offensiv und fröhlich mitgehen. Unterwegs rund 40 Musikgruppen, die live spielen und zusätzlich stimulieren.

Was es zu gewinnen gibt:
Für jeden *Starter* gibt's das offizielle T-Shirt, ein Poster und eine Tüte mit Infomaterial sowie die offizielle Marathon-Broschüre.
Freier Eintritt zur Marathonparty.
Finisher bekommen eine Medaille, Urkunde und Ergebnisliste, Frauen werden im Ziel mit einer roten Rose überrascht.
Tiffany-Trophäen für die Sieger der Altersklassen.
Siegprämien für die ersten Sechs: von 50 000 Dollar plus Auto bis 2000 Dollar. Zusätzliche Prämien für Rekordzeiten.

Was sonst noch geboten wird:
Von Mittwoch bis Samstag Marathon-Messe mit schönen Souvenirs im New York Coliseum (auch Registration).
Samstag morgen 8 Uhr International Friendship Run in den Central Park, Start: United Nations.
Samstag nachmittag (16.30–21.30 Uhr) Pasta-Party im Tavern on the Green (Central Park).

Die Kontaktadresse:
New York City Marathon
New York Road Runners Club
9 E. 89th Street
New York, NY 10128
USA
Tel. 001/212/423-22 49
Fax 001/212/348-96 14
Internet: www.nyrrc.org/mar.htm

Multi-Kulti-Event: Der New York York City Marathon ist ein Massenphänomen. Die Strecke führt durch fünf Stadtteile (Staten Island, Brooklyn, Queens, Bronx und Manhattan) und über ebensoviele Brücken (hier die Queensboro Bridge zur First Avenue).

Paris-Marathon

Der Termin:
Immer der erste Sonntag im April (seit 1976).

Was den Kurs so reizvoll macht:
Weil Paris nun mal eine der schönsten Städte der Welt ist, zählt auch dieser Stadtmarathon zu den attraktivsten überhaupt. Besonders zu Frühjahrsbeginn, weil dann die französische Metropole noch nicht total mit Touristen überschwemmt ist, wie spätestens ab Mai. Arc de Triomphe, Louvre, Notre-Dame, Eiffelturm – diese Highlights werden als Zwischenstationen angelaufen. Der Start für das riesige Feld: auf den Champs-Elysées, nahe Rue Balzac. Das Ziel wurde, klar, sehr symbolträchtig gewählt: der Arc de Triomphe.
Auf 22 000 Teilnehmer limitiert.

Das Streckenprofil:
Flacher und abwechslungsreicher Rundkurs. Über 12 km gehts an der Seine entlang, fast ebensoviele Kilometer durch Park und Stadtwald (Bois de Vincennes, Bois de Boulogne).

Das voraussichtliche Wetter:
Meist noch frühlingshaft kühl, um 10 Grad Celsius.

Die Zuschauer an der Strecke:
In der Millionenstadt lassen sich keine großen Massen vom Marathon mobilisieren. Die meisten säumen die Strecke auf den ersten Kilometern, entlang der Seine und wieder am Ziel.

Was es zu gewinnen gibt:
Für jeden *Starter* gibt's ein T-Shirt und Infomaterial.
Für *Finisher* unter 5:40 Stunden gibt's Medaillen. Urkunde und Ergebnisliste werden nachgeschickt.

Was sonst noch geboten wird:
Nur eine kleine Marathonmesse.
Samstag abend große Nudelparty.

Die Kontaktadresse:
Marathon International de Paris
A.M.S. P.
8 Rue Crozatier
F-75012 Paris
France
Tel. 00 33/1/53 17-03 10
Fax 00 33/1/53 17-03 13

Prag-Marathon

Der Termin:
Immer der vierte Sonntag im Mai (seit 1995).

Was den Kurs so reizvoll macht:
Prag ist wegen seiner Altstadt ein Touristenmagnet. Prag ist preisgünstig. Als „schönste Sightseeing-Tour Europas" – so euphorisch sieht Renndirektor Carlo Capalbo die junge Marathon-Veranstaltung. Und Gelindo Bordin, italienischer Olympiasieger und Technischer Direktor des Prager Marathons, verfolgt ein großes Ziel: „Prag hat eine Vision – wir wollen die Nummer eins in Europa werden."
Zuletzt schon über 4000 Teilnehmer.

Pariser Prachtboulevard: Genußlaufen auf den breiten Champs-Elysées. Im Hintergrund der Arc de Triomphe.

Das Streckenprofil:
Flach. Die Strecke in der Heimatstadt von Emil Zátopek beginnt nahe dem Wenzelsplatz, führt über die Karlsbrücke, an den Ufern der Moldau entlang, durch die historische Altstadt und endet wieder auf dem Altstädter Ring.
Teilweise Pflastersteine.

Das voraussichtliche Wetter:
Meist für Läufer angenehme 15–20 Grad Celsius.

Die Zuschauer an der Strecke:
Besonders in der Altstadt große Unterstützung durch Tausende von Touristen und sportbegeisterte Prager.

Was es zu gewinnen gibt:
Für jeden *Starter* gibt's ein T-Shirt und die offizielle Marathon-Broschüre.
Für *Finisher* gibt's Medaille, Urkunde und Ergebnisliste.
Spezialpreise für die Sieger der Altersgruppen.
Preisgeld für *Eliteläufer*: insgesamt 180 000 Dollar.

Was sonst noch geboten wird:
Kleine Marathonmesse und Nudelparty. Das Bier hinterher schmeckt besonders gut in den Gaststuben „U Flecku" und „U Zlateho Tygra", nicht weit vom Altstädter Ring.

Die Kontaktadresse:
Prague International Marathon
Zahoranského 3
Praha 2 – 120 00
Tschechische Republik
Tel. 004 20/2/29 65 17, 29 91 63, 29 15 74
Fax 004 20/2/29 81 97
Internet: www.vol.cz/pim

Reykjavik-Marathon

Der Termin:
Dritter oder vierter Sonntag im August (seit 1984).

Was den Kurs so reizvoll macht:
Island ist bekannt für seine kurzen Sommer, seine heißen Quellen und saubere Luft – und für die besondere Gastfreundschaft der Einheimischen. Tatsächlich ist der Marathon jedes Jahr ein Ereignis. Ein Zwei-Runden-Kurs. Start am The Lake, mitten in der Hauptstadt Islands. Aus der City verläuft der Kurs zunächst 3 km westwärts, dann östlich entlang dem Hafen und der Küste, mit wunderbarem Blick auf die Berge. Nach 15 km dreht der Kurs erneut nach Westen, zurück in die City. Nach dem Rennen bietet sich Entspannung in einer der heißen Quellen an.

Das Streckenprofil:
Leicht. 60 Prozent der Strecke sind flach. Pro Runde sind insgesamt nur 30 Höhenmeter zu überwinden.

Das voraussichtliche Wetter:
Meist für Läufer angenehme 12–14 Grad Celsius.

Die Zuschauer an der Strecke:
Nur rund 2000, die vor allem im Start-Ziel-Bereich stehen und fröhlich mitgehen. Alle fünf Kilometer Verpflegungsstationen.

Was es zu gewinnen gibt:
Für jeden *Starter* gibt's ein T-Shirt.
Für *Finisher* Medaille, Urkunde und Ergebnisliste.
Spezialpreise für die jeweils ersten Drei der Altersgruppen.
Für *Eliteläufer* (Männer: unter 2:20, Frauen: unter 2:40) übernimmt der Veranstalter Flug, Unterkunft und Spesen. Für die besten Drei spendiert Icelandair ein Ticket im Wert von 1000 Dollar.

Was sonst noch geboten wird:
Samstag: Nudelparty.

Die Kontaktadresse:
Reykjavik-Marathon
Skogarhlio
IS-101 Reykjavik
Island
Tel. 03 54/588-33 99
Fax 03 54/588-36 86
Internet: www.toto.is/rmar

Rom-Marathon

Der Termin:
Der dritte oder vierte Sonntag im März (seit 1977).

Was den Kurs so reizvoll macht:
Colosseum, Forum, Piazza Venezia, Spanische Treppe, Fontana di Trevi, Villa Borghese, Pantheon, Piazza Navona, zurück zum Colosseum – dieser Roma-Maratona ist wie ein sinnliches Eintauchen in 2000 Jahre Geschichte, eine Zeitreise durch die „Ewige Stadt".
Zuletzt über 5000 Teilnehmer.

Das Streckenprofil:
In der Stadt der sieben Hügel müssen die Läufer nur einen Höhenunterschied von rund 70 Metern bewältigen. Teilweise führt die Strecke über jahrhundertealte Pflastersteine. Die machen, trotz moderner Schuhdämpfung, manchmal Mühe.

Das voraussichtliche Wetter:
Meist noch kühl, um die 10 Grad Celsius.

Die Zuschauer an der Strecke:
Rund 700 000, die wunderbar unterstützen. Dazu Orchester, Bands und Theatergruppen, die zusätzlich ablenken und stimulieren.

Was es zu gewinnen gibt:
Für jeden *Starter* gibt's ein T-Shirt und eine Tüte mit Infomaterial.
Für *Finisher* gibt's eine Medaille und Urkunde.
Prämien für die *Eliteläufer* (Top 30 der Männer und Top 20 der Frauen).

Was sonst noch geboten wird:
In den Tagen vor dem Marathon verschiedene kulturelle Veranstaltungen.
Samstag abend Nudelparty, Sonntag nacht Marathon-Party mit Tanz.

Die Kontaktadresse:
Maratona della Citta' di Roma
Viale B. Bardanzellu 65
I-00155 Rom
Italien
Tel. 00 39/6/406-50 79
Fax 00 39/6/406-50 63
Internet: www.maratonadiroma.com

**Höhere Weihen: Priester und mittelalterlich gerüstete Schweizergardisten huldigen dem sportiven Pulk.
Der Maratona di Roma ist für jeden Teilnehmer wie ein Lauf durch 2000 Jahre lebendige Geschichte.**

Stockholm-Marathon

Der Termin:
Immer der erste Samstag oder Sonntag im Juni (seit 1979).

Was den Kurs so reizvoll macht:
Der älteste europäische City-Marathon wurde zum Beispiel Vorbild für den ersten deutschen City-Marathon in Frankfurt (1981). Mit dem Stockholm-Marathon, inzwischen *der* skandinavische Klassiker, setzen die Veranstalter weiterhin hohe Maßstäbe: eine außerordentlich attraktive Strecke durch eine freundliche Stadt am Wasser, perfekte Organisation, würdevolles Finale für jeden Finisher. Start und Ziel am bzw. im renovierten, historischen Olympiastadion von 1912.
Zuletzt über 11 000 Teilnehmer.

Das Streckenprofil:
Eine flache Zwei-Runden-Strecke. Ein Anstieg, der gleich doppelt wehtut: die Stadtautobahnbrücke über den Västerbron muß zweimal überquert werden.

Das voraussichtliche Wetter:
Meist für Läufer angenehme 14–20 Grad Celsius.

Die Zuschauer an der Strecke:
Rund 200 000, die begeistert mitgehen, und im Stadion immer über 15 000 Zuschauer. Unterwegs auch diverse Musikgruppen, die live spielen und zusätzlich stimulieren.

Was es zu gewinnen gibt:
Für *Finisher* unter 6:00 Stunden gibt's ein Finisher-T-Shirt, eine Medaille und Urkunde.
Spezialpreise für die ersten Drei jeder Altersklasse.
Spesen und Prämien für *Eliteläufer*.

Was sonst noch geboten wird:
Freitag eine ansprechende Fitneßmesse in würdigem Rahmen: dem Rathaus.
Freitag abend große Nudelparty (kostenlos).

Die Kontaktadresse:
Stockholm Marathon
Box 10023
S-10055 Stockholm
Schweden
Tel. 0046/8/667-1930
Fax 0046/8/664-3822
Internet: www.marathon.se

Mehr als ein Marathon: Südafrikas Two Oceans Marathon ist länger (56 km) und schwerer als die meisten anderen Laufevents. Die erste Hälfte ist flach, die zweite Hälfte hügelig. Bei Kilometer 29 wird der malerische Noordhoek Beach erreicht.

Heja, Svenska: Selbst wenn der Stockholm-Marathon verregnet ist, drängen sich die begeisterten Zuschauer dicht an dicht. Die Strecke durch Schwedens Hauptstadt ist ganz nach dem Geschmack der meisten Läufer urban und führt zur Hälfte am Wasser entlang.

Two Oceans Marathon

Der Termin:
Ostersonntag, im April (seit 1971).

Was den Kurs so reizvoll macht:
„Ein Lauf durchs Paradies", „Ein Rennen durch den Garten Eden", so schwärmen Teilnehmer nach dem ersten Mal. Manche kommen jedes Jahr wieder. Denn der Two Oceans Marathon ist einer der schönsten Läufe der Welt – und mehr als ein Marathon. Die Läufer können auf ihrer schweren, aber fulminanten 56-Kilometer-Runde um Kapstadts Tafelberg und Kap Penisula sowohl den Indischen Ozean (ab km 16) als auch den Atlantischen Ozean (ab km 34) „küssen". Startberechtigt sind nur Läufer, die eine Marathonzeit von 4:30 Stunden vorweisen können.
Zuletzt knapp 8000 Teilnehmer.

Das Streckenprofil:
Ein Marathon – und dann noch 14 Kilometer. Dazu drei wahrlich mühselige Anstiege (Chapmans Peak, Constantia Nek, Kirstenbosch) – die aber werden mit großartiger Fernsicht belohnt.

Das voraussichtliche Wetter:
13–23 Grad Celsius.

Die Zuschauer an der Strecke:
Spärlich – die meiste Zeit laufen die Läufer durch stille Natur. Nur an wenigen Punkten ist mit Motivation von außen zu rechnen.

Was es zu gewinnen gibt:
Für jeden *Starter* gibt's ein T-Shirt, Infomaterial und einen Schwamm.
Für *Finisher* unter 4:00 Stunden gibt's versilberte Medaillen, für Läufer unter 6:00 verbronzte, für Läufer unter 6:30 blaue Medaillen.
Für die Top 10 gibt's Goldmedaillen, für die besten Drei jeder Altersklasse Gold-, Silber- und Bronzemedaillen.
Prämien: von 60 000 Rand (für den Sieger) bis R 2000 (Platz 10).

Was sonst noch geboten wird:
Große Fitneßmesse auf dem Universitätsgelände von Kapstadt (UCT Indoor Sports Complex, auch das Rennbüro ist hier).
Nach Absprache Bus-Besichtigungstour der Strecke.
Donnerstag Nudelparty in einem großen Zelt im Sports Center.

Die Kontaktadresse:
Two Oceans Marathon
P.P. Box 2276
Clareinch 7740
South Africa
Tel. 00 27/21/61 94 07
Fax 00 27/21/61 87 24
Internet: www.twooceansmarathon.org.za

Morgenstimmung im Königreich der Kinder: Der Walt Disney World Marathon in Orlando, Florida, wird – der Hitze wegen, die sicher kommt – schon um 6 Uhr in der Früh gestartet. Dann wirkt die Traumkulisse von Magic Kingdom noch ein bißchen mehr wie aus einer anderen Welt.

Walt Disney World Marathon

Der Termin:
Immer der erste oder zweite Sonntag im Januar.

Was den Kurs so reizvoll macht:
Papi würde sicher auch seinen Kleinen eine große Freude machen, wenn er hier im Magic Kingdom von Mickey Mouse, Goofy und Donald Duck seinen Marathon läuft. Der Veranstalter bietet Teilnehmern attraktive Pauschal-Packages (von 169 bis 573 Dollar), inklusive zwei Übernachtungen, freiem Eintritt, Transport und Nudelparty.
Zuletzt rund 7000 Teilnehmer.

Das Streckenprofil:
Flacher Kurs. Start nahe dem EPCOT Center. Teilweise eine Tour des Staunens durch die fröhlichen Themen-Parks (Magic Kingdom, Animal Kingdom, Hollywood Boulevard, Disney MGM-Studios, Blizzard Beach), manchmal aber auch ein bißchen langweilig.

Das voraussichtliche Wetter:
Meist für Läufer angenehme 16–20 Grad Celsius (Start: morgens um 6 Uhr).

Die Zuschauer an der Strecke:
ballen sich da, wo die Attraktionen sind. Gelegentlich sehr einsames Gelände. Aber über 2100 freiwillige Helfer, die super-gutgelaunt Getränke und Verpflegung ausgeben.

Was es zu gewinnen gibt:
Für jeden *Starter* gibt's ein langärmeliges T-Shirt und eine Tüte mit Infomaterial.
Freier Eintritt zur Marathonparty.
Für *Finisher* unter 7 Stunden gibt's Medaille, Urkunde und Ergebnisliste.
Die Sieger werden in Disneys Wide World of Sports verewigt.

Was sonst noch geboten wird:
Freitag und Samstag Gesundheits- und Fitneßmesse mit Seminaren (Training, Ernährung) in Disneys Wide World of Sports.
Samstag große Nudelparty im Contemporary Resort.

Die Kontaktadresse:
Walt Disney World Marathon
P.O. Box 536547
Orlando, FL 32853-6547
USA
Tel. 001/407/939-78 10
Internet: www.runningnetwork.com

Wien-Marathon

Der Termin:
Immer der letzte Sonntag im Mai.

Was den Kurs so reizvoll macht:
Seit der Wien-Marathon ein paar Wochen später terminiert und der konkurrierende München-Marathon ausgesetzt ist, gewinnt er deutlich an Popularität. Zurecht: ein sehr attraktiver Stadtkurs (Start: Schloß Schönbrunn) mitten durch Naturparks, entlang des Donaukanals und durch das Herz der Hauptstadt. Der ORF überträgt das Rennen live.
Zuletzt knapp 8000 Teilnehmer.

Das Streckenprofil:
Keine besonderen Schwierigkeiten.

Das voraussichtliche Wetter:
Meist für Läufer angenehme 15–20 Grad Celsius.

Die Zuschauer an der Strecke:
Über 250 000, die so gut es geht unterstützen.

Was es zu gewinnen gibt:
Für alle *Finisher* gibt's Medaillen und T-Shirts. Per Post Urkunde und Ergebnisheft.
Preisgeld für die *Top Drei*: 13 000 Dollar bis 5000 Dollar. Die besten Drei ihrer Alterklassen bekommen Pokale.

Was sonst noch geboten wird:
Freitag und Samstag eine kleine Marathonmesse im Zelt vor dem Rathaus (gleichzeitig Startnummernausgabe und Akkreditierung).
Samstag ab 18 Uhr Kaiserschmarrn-Party. Nach dem Rennen Dusch- und Massagemöglichkeit.

Die Kontaktadresse:
Vienna City Marathon
Keplerplatz 12/1/5
A-1100 Wien
Österreich
Tel. 00 43/1/606 95 10
Fax 00 43/1/606 95 40
Internet: www.vienna-marathon.com

Check-up für das große Rennen

Marathon ist mehr als bloße Muskelleistung. Marathon ist vor allem ein psychisches Abenteuer. Es kommt auch auf eine gute Organisation vor dem Rennen an. Wichtig: keine Hektik, nicht verrückt machen lassen, Energie sparen. Hier ein paar Tips, damit das Rennen nicht schon vor dem Start gefährdet wird.

Der Tag davor:

- Bleiben Sie lange im Bett. Genießen Sie die morgendliche Faulenzerei.
- Kein großes Frühstück. Erst später nützliche Kohlenhydrate zu sich nehmen.
- Viel trinken, vor allem Wasser, aber auf keinen Fall harten Alkohol – allenfalls ein Bierchen vor dem Schlafengehen.
- Locker bleiben! Ein bißchen Gymnastik zum Lockern, 30 Minuten gemächlich laufen – zur Entspannung.
- Mittags in Ruhe essen, aber auf keinen Fall zu fett. Ruhig ein wenig aufs Ohr legen.
- Füße so oft wie möglich hochlegen oder einfach nur still dasitzen. Auf das Rennen einstimmen. Bitte keinen Einkaufsbummel mehr.
- Nicht von anderen Teilnehmern verrückt machen lassen. Entspannen, ruhig meditieren, ein wenig autogenes Training.
- Abends kein Programm mehr. Nur ein kohlenhydratreiches Nudelgericht essen, keine fette Sauce dazu.
- Früh zu Bett gehen und sich ausruhen. Keine Panik, wenn es mit dem Einschlafen nicht gleich klappt. Wichtiger ist, in den Tagen zuvor entspannt zu schlafen. Auf keinen Fall Schlafmittel nehmen. Unbedingt den Wecker so einstellen, daß morgens noch ausreichend Spielraum bleibt.
- Vorher schon die Sachen fürs Rennen zurechtlegen, um am nächsten Morgen unnötigen Streß zu vermeiden. Unbedingt auf die Wetterbedingungen (eventuell Wind, Kälte, Hitze) einstellen.
- Laufen Sie im Geiste schon mal die Strecke ab. Visualisieren Sie jede Minute des Rennens. Freuen Sie sich darauf. Schließlich haben Sie so lange dafür trainiert.

Am Tag des Rennens:

- Nicht nüchtern an den Start gehen. Drei Stunden vorher ein leichtes Frühstück, vor dem Start eine Banane essen. Viel Wasser trinken.
- Rechtzeitig vor dem Start nochmal aufs Klo.
- Empfindliche Hautpartien (Innenseite der Oberschenkel, Po, Brustwarzen) eincremen.
- Vor dem Start warmhalten. Die Muskulatur mit Stretching vorwärmen.
- Nicht besorgt sein, wenn Sie besorgt sind. Aufregung vor dem Start ist ganz normal.

Was in die Sporttasche gehört:

- Wettkampfschuhe
- Socken
- Shorts
- Tights
- T-Shirt
- Trainingsanzug
- Stirnband
- Kappe
- Pflaster (für Brustwarzen)
- Vaseline
- Regenbekleidung
- Sicherheitsnadeln (für die Startnummer)
- Nagelschere
- Seife, Shampoo, Handtuch
- Registrationcard (Wettkampfbestätigung)
- Sportbrille
- Massageöl
- Verpflegung für danach
- Kleingeld (fürs Taxi zurück zum Hotel – man kann ja nie wissen...)

Seiten 142/143:
Schatten-Spiel: Ein Teil des freudvoll keuchenden Tausendfüßlers läuft der Sonne entgegen. Noch ist es ein gutes Stück bis ins Ziel.

Seiten 144/145:
Zwei-Kampf: Beim Malta-Marathon, jedes Jahr Mitte November, sind Läufer und Zuschauer mitunter ziemlich allein auf weiter Flur.

Seiten 146/147:
Energie-Depot: Marathonläufer greifen gerne zum schnellen Sattmacher Banane. Die gelben Früchte sind sehr kohlenhydratreich.

Während des Rennens:

- Nach dem Startschuß nicht gleich euphorisch losspurten. Erst mal langsam ins Rennen reinschnuppern, den Rhythmus suchen, das eigene Tempo finden.
- Rechtzeitig zu trinken beginnen, also gleich bei der ersten Wasserstelle.
- Unterwegs Ablenkung suchen, das Ereignis Marathon genießen.
- Wenn sich Blasen an den Zehen oder Füßen bemerkbar machen, auf jeden Fall die nächste medizinische Versorgungsstelle anlaufen und die Blasen behandeln lassen.
- Wenn ein Krampf kommt, langsamer laufen und dann stoppen. Empfehlenswerte Selbstmassage: stretchen und den Muskel entspannen. Wenn das nicht hilft, bei der nächsten Gelegenheit von Profis behandeln lassen.
- Bei Schwäche nicht gleich stehenbleiben – der Körper regeneriert unterwegs. Allerdings: Bei ernsthaften Komplikationen (etwa Herzrhythmusstörungen) sofort abbrechen.
- Nicht unter Wettkampfstreß setzen. Keinen albernen Zeitvorgaben hinterherrennen.
- Auf einen Zielspurt verzichten. Die paar Sekunden bringen's auch nicht mehr – höchstens noch eine ärgerliche Muskelverletzung.

Nach dem Rennen:

- Im Zielbereich langsam auslaufen (ein paar Minuten lang). Den Körper nicht auskühlen lassen.
- Vorsichtig die Muskulatur stretchen.
- Nach dem Zieleinlauf viel trinken. Aber keine eiskalten, und auch keine heißen Getränke in sich hineinschütten, denn der Magen ist leer und dadurch empfindlich. Manche schwören auf ein Bier im Ziel: Wenn es nicht zu kalt ist, spricht nichts dagegen.
- Zwei Stunden nach dem Rennen ein leichtes Essen einnehmen (Kohlenhydrate, Obst) und viel trinken. Bitte schön langsam essen.
- Nach dem Rennen ein heißes Bad nehmen oder eine Massage – das wirkt Wunder gegen einen möglichen Muskelkater, der kolossal sein kann.
- Studien haben gezeigt, daß man sich nach einem Marathon besser und schneller erholt, wenn man die nächsten Tage aufs Training verzichtet, nur Spaziergänge macht oder ausruht.
- In den Tagen nach dem Marathon weiterhin viel trinken.
- Den nächsten Marathon frühestens in einem Monat ins Auge fassen.

Ein Mythos braucht Methode – Sportärztlich auf dem laufenden

Interview mit Dr. med. Rudolf Ziegler

Ist ein Marathonlauf prinzipiell für jeden Läufer eine geeignete Herausforderung?
Nun, jeder Sport ist bekanntlich immer nur so gesund, wie man ihn betreibt. Neben Skilanglauf garantiert die Vertikalsportart Laufen im Vergleich zu anderen Sportarten den größtmöglichen prozentualen Muskeleinsatz. Das eröffnet uns oftmals bewegungsarmen Zivilisationsbürgern eine Riesenchance – nämlich Herz-Kreislauf-System, Stoffwechsel, Immunsystem und Psyche durch Lauftraining aktiv, gesund und fit zu halten bzw. wieder leistungsfähig zu bekommen.

Welche Risikofaktoren gibt es beim Marathon?
Beim Marathontraining sind die orthopädischen-internistischen Beanspruchungen für unseren Organismus nicht zu unterschätzen. Das spezifische Problem einer meist durchgängig asphaltierten Wettkampfstrecke über 42,195 Kilometer kann man nicht als Peanuts abtun. Entsprechend sind Marathontraining und Wettkampf sind nie und nimmer geeignet als Abenteuer-Trips für wildgewordene Großstadt-Cowboys ohne entsprechende psychisch-physische Voraussetzungen.

Wie sollte daher aus Ihrer sportärztlichen Sicht der richtige Einstieg in das Faszinosum Marathon aussehen?
Ich kann hier die Notwendigkeit einer vorgeschalteten sorgfältigen klinischen Untersuchung nicht eindringlich genug herausstellen, am besten natürlich durch eine lauferfahrene Ärztin oder einen lauferfahrenen Arzt. Diesen Check sollten besonders Laufeinsteiger mit Marathon-Vision unbedingt machen lassen – bevor im wahrsten Sinne des Wortes irgendwo der Schuh drückt. Aber auch Läufer, die das große Ziel Marathon noch gar nicht konkret angehen, sollten sich untersuchen lassen.

Worauf kommt es besonders an?
Besonderes Augenmerk muß dabei ärztlicherseits auf Fußstatikdefizite, Beinlängendifferenzen, Gelenkfehlstellungen, Probleme an der Wirbelsäule, verborgene Herzfehler oder Durchblutungsstörungen an den Herzkranzgefäßen und Stoffwechselerkrankungen wie Diabetes mellitus gelegt werden. Grundsätzliche Funktionsfähigkeit und Leistungsvermögen des Herz-Kreislauf-Systems können recht gut durch ein Belastungs-EKG, zum Beispiel auf dem Fahrrad-Ergometer überprüft werden.

Welche typischen Läufer-Labordaten empfehlen Sie?
Vor allem das große Blutbild, Blutzucker, Blutsenkung, Schilddrüsenwerte, Ferritin, also den Eisenspeicher-Kontrollwert, Blutfette – und zwar Triglyceride, Gesamt-Cholesterin, HDL, LDL und dann noch Kreatinin, Kalium, Magnesium, Selen, Zink, Gesamt-Eiweiß und Urin-Status. Bei Krankheitsverdacht muß natürlich dieser Labor-Check individuell erweitert werden. Immer sinnvoll ist auch die Überwachung des Körperfetts zum Beispiel mit einem Hautfaltendickenmesser oder einer „Tanita"-Fettwaage.

Wie sollte ich mein Marathontraining planen, wenn ich mich seriös vorbereiten will?
Kommt natürlich sehr darauf an, ob ich blutiger Einsteiger oder aktiver Umsteiger von einer anderen Sportart bin. Gerade dem Einsteiger kann man nicht oft genug sagen: Ein Läufer mit Köpfchen muß Geduld mitbringen – hinsichtlich der zu erwartenden Leistungsentwicklung.

Wieviel Zeit muß ich für den Aufbau eines vernünftigen Marathontrainings einplanen?
Bevor sich ein „Anfänger" an das eigentliche Marathontraining heranwagt, sollte er zumindest 60 Minuten am Stück laufen können. Für den ersten Marathon würde ich dann eine gezielt laufspezifische Vorbereitung von ca. sechs Monaten dringend empfehlen. Wichtig sind auch Kräftigungs- und Stretch-Elemente, um Muskelverletzungen und Überlastungsschäden am Skelett zu vermeiden. Und dann sollten bewährte Dauerlaufformen in den Trainingsplan integriert werden: Langsames Jogging, mäßiger Dauerlauf, schneller Dauerlauf, Marathon-Renntempo und Schwellenlauf – das ist die intensivste Form des Dauerlaufes. Je untrainierter ein Läufer, um so zurückhaltender sollten gerade diese intensiven Einheiten in den Trainingsplan eingebaut werden – maximal einmal pro Woche.

Sind Ruhetage nötig?
Oh ja. Ruhetage sollte man aber nicht unbedingt als reine Gammel- oder Couchtage mißverstehen. Man kann bei Lust und Bereitschaft die Pausen auch aktiv gestalten. Als sogenannte Wiederbereitstellungselemente kommen in Frage: Schwimmen (Kraulen!), Radfahren und im Fitneßstudio zum Beispiel Spinning und Low-Impact-Aerobic. Wir sehen: Seriöses und gesundheitlich verantwortbares Marathontraining inklusive regenerationsförderndem Rahmenprogramm knabbert erheblich an der Freizeit und verlangt vielschichtiges Agieren.

Wie bestimme ich mein optimales Trainingstempo?
In unserer technisierten und damit ja geradezu zur Passivität animierenden Welt ist oftmals unser Körpergefühl abhanden gekommen – Motto: Mein Körper und ich, zwei flüchtige Bekannte. Gleichzeitig tendieren wir in unserer Leistungsgesellschaft ohne Frage auch in der Freizeit eher zur Beißkeil-Mentalität. Viele muten sich viel zuviel zu – sie laufen zu schnell.

Sind deshalb Pulsuhren prinzipiell empfehlenswert?
Ja. EKG-genaue Pulsmesser, zum Beispiel von der Firma Polar, ermöglichen über die Kontrolle der Herzfrequenz einen zwar indirekten, aber doch genügend aussagekräftigen Zugriff auf die aktuell abverlangte Muskelarbeit, was damit den gesundheitsbewußten wie auch den leistungsorientierten Läufer vor Unterforderung und Überforderung schützt. Der regelmäßige Gebrauch eines Pulsmessers unterstützt eine harmonische Leistungsentwicklung ohne Überforderungstendenz und Gefahr von aufkeimender Trainingsunlust oder Verletzungsanfälligkeit. Im Anfängerbereich sollte der Pulsmesser zumindest folgendes Basis-Equipment haben: Neben der gut lesbaren und beleuchtbaren Herzfrequenz-Anzeige vor allem einstellbare Ober- und Untergrenzen.

Wieviel Paar Schuhe sollte ich im Gebrauch haben?
Zwei Paar parallel im Einsatz befindliche sollten genügen, um den eventuellen Stärken und Schwächen eines jeden Schuhmodells hinsichtlich Führung, Stützung und Dämpfung Rechnung zu tragen. Natürlich hält der Profi zusätzlich auch ein Paar extrem leichte Wettkampfschuhe mit gebogenen Leisten parat. Das sollte aber nur für Hochleistungssportler ein Thema sein, weil hier aus Gewichtsgründen präventive orthopädische Aspekte gewollt hintanstehen.

Wie wichtig ist gute Dämpfung?
Die künstlich hochgespielte Dämpfungsdiskussion – schützt ein Gelkissen besser als ein Luftpolster im Fersen- und eventuell sogar im Vorfußbereich? – sehe ich eher als firmentypisches Marketinginstrument und weniger als Beitrag zur Gesundheitsvorsorge. Denn bekanntlich machen diese Schockabsorptions-Elemente gerade mal fünf Prozent der Gesamtdämpfung eines Schuhes aus.

Wie oft sollte ich meinen Laufschuh ersetzen?
Bei der Haltbarkeit eines Schuhes geht man von zwei, maximal drei Laufsaisons aus, je nach Gewicht und Beanspruchung des Läufers. Wir Menschen altern, die Kunststoffe im Sohlen- und Fersenbereich eines Laufschuhes altern ebenso unaufhörlich. Es wäre also eine Fehlinvestition, wenn man bei Schnäppchenangeboten gleich mehrere Paare auf Reserve kauft. Warnen möchte ich auch vor der Reinigung von Laufschuhen in der Waschmaschine. Die dämpfungsrelevanten Weichmacher in den Kunststoffen gehen dabei nämlich flöten, der Schuh wird hart und unflexibel.

Worauf sollte ich bei meiner Ernährung achten?
Zu hohes Körperfett mit all den hieraus ableitbaren Risiken ist in allen Industrienationen das gesundheitliche Kernproblem unserer Zeit. Davor sind auch viele Läufer nicht gefeit. Wenn ich sehe, was manchmal im Umfeld von Laufveranstaltungen zu essen geboten wird – oft nur Brühwürste, Kuchen, Weißmehlprodukte – dann wundert mich gar nichts mehr. Jeder Lauffan sollte sich folgende Faustregel merken: Ernährungsphysiologisch empfehlenswert und sportlergerecht sind all jene Pro-

Marathon mit Methode: Der Heppenheimer Sportmediziner Dr. Rudolf Ziegler, selbst aktiver Ausdauersportler und Erster Vorsitzender im Deutschen Verband langlaufender Ärzte und Apotheker e.V., über Risiken, maßvolles Training und sinnvolle Ernährung.

dukte, bei denen man mit bloßem Auge erkennen kann, von welchem Baum oder Strauch, von welchem Feld, welcher Ähre, welcher Weide oder aus welchem Stall sie stammen. Nur diese Produkte verdienen den Namen Lebensmittel. Für das Basiswissen muß man aber nicht in wilder Ehe mit einer Ernährungsberaterin zusammenleben. Daß Sahnesoßen, Croissants, Schokolade, Wurstsemmeln, Snickers und Bratwürste nun mal nicht auf Bäumen oder Sträuchern wachsen, weiß man auch so.

Welchen Speiseplan empfehlen Sie?

Täglich mindestens fünf Portionen Obst, zum Beispiel einen Apfel, eine Banane oder Birne, eine Handvoll Beerenfrüchte, und zwei bis drei frisch gepreßte Zitrusfrüchte – das ist schon die halbe Miete. Zusätzlisch wichtig ist die tägliche Portion Salat (ohne fettes Dressing) oder Gemüse (nur kurz gegart bzw. aus dem Schnellkochtopf). Der Durchschnittsbürger hat bei einem so ausgerichteten Ernährungsverhalten zumindest keinen Mangel an wichtigen Mineralstoffen und Vitaminen.

Reden Sie also dem Vegetarismus das Wort?

Nein, ich klage nur die derzeit arg verschobenen Relationen zwischen tierischen und pflanzlichen Produkten an. Satt essen sollte man sich mit kompletten, naturbelassenen Kohlenhydraten, also mit Getreideprodukten wie Vollkorn-Sauerteigbrot, Müsli, Nudeln, Reis, dann mageren Milchprodukten und Frischgemüse, auch mit Kartoffeln und frischen Salaten (angemacht mit kaltgepreßten hochwertigen Ölen, dunklem Essig, Sonnenblumenkernen und frischen Kräutern), Würzhefeflocken sowie Frischobst. Mit dieser einfach umsetzbaren Ernährungsformel, die schwerpunktmäßig auf die wichtigsten natürlichen Kohlenhydrat-Quellen setzt, besiegen Sie problemlos Ihren Hunger, bevor Sie zunehmen oder das Falsche essen. Ohne Wenn und Aber werden Sie so auch Stück für Stück Ihre Fettdepots los.

Was sollte ich vor und nach dem Training beachten?

Gerade nach intensiven, das heißt schnellen Belastungen und auch nach Stundenläufen sind die Zuckerdepots (Glykogen) in den Muskelzellen mehr oder weniger entleert. Über schwerpunktmäßigen Verzehr von möglichst reinen Kohlenhydraten (z.B. Früchte-Riegel, Molke, Reiswaffeln, Sauerteigbrot, Knäckebrot, Obst, Malzbier), bei gleichzeitigem Verzicht auf versteckte Fette in Wurst, Käse, Gebäck und Kuchen, wird unser Regenerationsstoffwechsel problemlos in die Lage versetzt, die beanspruchte Muskulatur schnell wieder energetisch aufzufüllen. In dieser sogenannten Nachbelastungsphase, das heißt innerhalb der nächsten Stunden nach Belastungsende ist unser Organismus in der Lage, die Zuckermoleküle (Glukose) als wichtige Energieträger ohne hormonelle Unterstützung (Insulin) in die Zelle zu transportieren, was sich überaus positiv auf die Stoffwechselregeneration auswirkt. Dieses hochinteressante körpereigene Regulations- und Regenerationsprinzip ist leider zu wenig bekannt und wird selbst von Leistungssportlern in der Praxis viel zu selten genutzt. Entsprechend darf man sich nicht wundern, wenn viele Läufer auch noch 24 oder 36 Stunden nach der letzten Belastung „Pudding" in den Beinen verspüren.

Wie vertragen sich Alkohol und Laufen?

Alkohol in der unmittelbaren Nachbelastungsphase ist Gift für eine prompte Regeneration. Zum einen wird die Magenentleerung verlangsamt, das heißt: die aufgenommenen Kohlenhydrate werden nur verzögert in den Dünndarm weitergegeben. Außerdem wird zusätzlich die Fettverbrennung gestört, und die regenerationsbedingte Erhöhung des Grundumsatzes mit entsprechend gesteigerter Fettsäurenverbrennung über mehrere Tage unterbleibt oder läuft nur verkürzt ab. Außerdem wirkt Alkohol auch harntreibend, was dem bereits belastungsbedingt strapazierten Flüssigkeitshaushalt des Läufers ja ganz und gar nicht recht sein kann.

Welche Getränke empfehlen Sie nach dem Laufen?

Besonders Molke, die als Nebenprodukt bei der Käseherstellung abfällt und quasi fettfrei, zudem aber eiweiß- und kohlenhydratreich ist. Außerdem Mineralwasser mit hohem Magnesiumgehalt (über 100 mg/l) und Apfelschorle im Verhältnis 3:1 zugunsten des Mineralwassers. Natürlich sind auch alle Frucht- und Obstsäfte läufergerecht, weil sie kohlenhydrat- und kaliumreich sind. Man sollte sie aber entsprechend verdünnen, um die Aufnahme im Dünndarm zu beschleunigen. Bei den Fruchtsäften sollte man immer auf 100 Prozent Fruchtgehalt achten. Verzichten Sie besser auf Nektar (das ist 50 Prozent Zuckerwasser aus Raffinade) und vor allem auf sogenannte Fruchtsaftgetränke, die haben sogar bis zu 90 Pozent Zuckerwasser aus Raffinade. Beanspruchte Muskulatur benötigt nun mal neben Flüssigkeit auch die wichtigen Mineralien wie Kalium und Magnesium aus der kompletten Frucht.

Ist der Marathonläufer automatisch ein Fall für Nahrungsergänzungsprodukte?

Gemäß wissenschaftlicher Übereinkunft ist die regelmäßige Zufuhr von Nahrungsergänzungsprodukten erst ab einer wöchentlichen Trainingsbelastung von 20 Stunden und mehr notwendig – eine überlegt zusammengestellte Basisernährung vorausgesetzt. Besonderes Augenmerk in diesem Zusammenhang verlangen dabei die Mineralstoffe Kalium, Magnesium, Eisen, Selen, Zink, Kupfer, Chrom und Jod. Aber auch die Vitamine B1, B6, Folsäure, B12, C und E. Im Zuge einer körpergerechten Substitution könnten auch die Aminosäuren Arginin, Ornithin, Glutamin sowie die drei verzweigtkettigen Aminosäuren Leucin, Isoleucin und Valin und die körpereigenen Wirkstoffe L-Carnitin, Coenzym Q 10 und Kreatin Berücksichtigung finden. Hier muß aber im Einzelfall entschieden werden, was supplementiert bzw. substituiert wird.

Welche typischen Verletzungen können auftreten – und wie kann ich sie vermeiden?

Gerade bei der Nicht-Kontaktsportart Laufen sind die meisten Verletzungen hausgemacht, das heißt: Unerkannte bzw. nicht behandelte orthopädische Probleme im Fuß-Bein-Becken-Wirbelsäulen-Bereich können durch die laufspezifische Vertikalbelastung, unter Vermittlung der sogenannten Bodenreaktionskräfte, aufbrechen oder sich verschlimmern. Damit ist klar, daß der schwere bzw. übergewichtige Läufer besonders gefährdet ist.

Wann muß ich zum Arzt?

Jede schmerzhafte Situation gehört eigentlich in die Obhut eines erfahrenen und zudem möglichst lauforientierten Arztes. Auf diesem Hintergrund dürfte dann eigentlich gewährleistet sein, daß nicht nach dem bloßen „Davos-Prinzip" („da, wo's weh tut") behandelt wird, sondern funktionelle Zusammenhänge richtig gesehen und logisch in den Diagnosefindungsprozeß einbezogen werden.

Gibt es gesundheitliche Situationen, wo ein zumindest vorübergehendes Laufverbot unumgänglich ist?

Jede fieberhafte Erkrankung – also wenn die Körpertemperatur, am besten im Mund gemessen, höher als 38 Grad ist – verlangt vorsorglich nach absoluter Laufpause und sofortiger ärztlicher Abklärung der Ursache. Eine weitere Trainingseinheit im Krankheitsstadium mit zu hoher Intensität könnte das Immunsystem ohne Frage zusätzlich schwächen, was dann die Erreger eventuell einlädt, sich im Körper weiter auszubreiten. So kann man sich übrigens, grob vereinfacht, die Entstehung der gefürchteten Herzmuskelentzündung vorstellen. Nach überstandenem Infekt muß natürlich eine Wiederaufbauphase einkalkuliert werden. Die Länge orientiert sich am Schweregrad der überstandenen Krankheit – bis schließlich wieder das normale Trainingsprogramm abgespult werden kann.

Gibt es spezielle Aspekte, die Frauen berücksichtigen sollten?

Eigentlich nicht. Zwar verfügen Frauen – genetisch bedingt – über eine im Vergleich zu Männern niedrigere Gesamtmuskelmasse. Deswegen müssen ihre Bestzeiten aus dem Blickwinkel des Hochleistungssports auch immer schwächer ausfallen. Ansonsten ist jede Frau in der Lage, Marathontraining zu betreiben, wenn die internistisch-orthopädischen Grundvoraussetzungen stimmen. Besondere Wachsamkeit bei der Betreuung von Marathonläuferinnen verlangen die Eisenversorgung (Tendenz zu verstecktem Eisenmangel wegen Regelblutung und weit verbreitetem Vegetarismus) sowie auch der hochempfindliche hormonelle Regelkreis der Frau. Das Ausbleiben der Monatsblutung muß, nach Ausschluß einer Schwangerschaft, immer als wichtiges Indiz für eine schwerwiegende Störung des Knochenstoffwechsels mit drohender Gefahr eines Ermüdungsbruchs gewertet werden, wenn ursächlich ein zu niedriges Körperfett dahintersteckt. Ermüdungsbrüche finden sich bei der Läuferin vor allem im Bereich von Schienbein, Fußwurzel- und Mittelfußknochen. Entsprechend konsequent muß daher ärztlicherseits gegengesteuert werden, speziell durch gezielte Ernährungsberatung, prophylaktische Gabe von Hormonersatzpräparaten und durch Modifizierung der Trainingsbelastung.

Immer wieder liest man böse Schlagzeilen vom Läufer-Tod. Wie oft endet ein Marathon tatsächlich tödlich?

Ich weiß nicht, ob Sie mit dieser Frage auf die in der Presse manchmal doch recht überzeichneten Gefahren des Marathonlaufes bis zum akuten Läufertod während des Wettkampfes anspielen. Sicherlich, wir verzeichnen derzeit in Deutschland immerhin rund 1300 Todesfälle pro Jahr, alle Sportarten zusammengenommen. Ursächlich überwiegen akute Herz-Kreislauf-Komplikationen. Aufgepaßt, ich sage beim Sport und nicht durch den Sport! Die gefährlichste Sportart hinsichtlich möglicher tödlicher Komplikationen ist übrigens das Kegeln, weil es von vielen Senioren betrieben wird, die alles andere als sportlich sind und es sich zudem beim Sport vermeintlich richtig gutgehen lassen wollen – Zigaretten, Alkohol, fettes Essen.

Wie gefährlich ist Marathon wirklich?

Ich darf hier mit meiner ganzen Kompetenz als Anästhesist und Sportmediziner herausstellen: Ein gesundes Herz bringt man durch Sport nicht um. Die wenigen Marathonläufer, die meist beim Start oder im Zielbereich tot zusammenbrachen, litten typischerweise an unerkannten Herz-Kreislauf-Erkrankungen (Herzfehler, unerkannte Durchblutungsstörungen an den Herzkranzgefäßen, Thrombosen usw.) oder liefen gegen ärztlichen Rat, zum Beispiel nach einer gerade überstandenen Herzmuskelentzündung. Die Läuferbewegung darf sich hier nicht vorschnell verunsichern lassen. Sicherlich, Marathonlauf ist kein lustvoller Waldspaziergang bei zarter Frühlingssonne. Aber den Möchtegern-Marathonläufer muß man nun einmal da abholen, wo er sich zum Zeitpunkt des Einstiegs in diese facettenreiche Sportart gerade befindet. Das Falscheste wäre, Heißsporne und Möchtegern-Weltklasse-Athleten allein zu lassen. Vorschnelle Verbote oder Schüren von unangebrachten Ängsten bringen uns da schon gar nicht weiter. Wir vom präventivmedizinisch ausgerichteten Deutschen Verband langlaufender Ärzte und Apotheker e.V. (DVLÄ) sind daher für gesundheitsbewegte und leistungsorientierte Läufer gleichermaßen jederzeit ansprechbar.

„Ausdauersport – das beste und wirksamste Medikament der Welt“

Nach wie vor kennt die medizinische Wissenschaft kein Medikament, keine Diät, keine Geheimmixtur und auch kein physiotherapeutisches Spezialrezept, um altersbedingte Leistungseinbußen zu verhindern. Bis auf eine Ausnahme: lebenslang betriebenen Sport, möglichst Ausdauersport. Entsprechend sehen der **Deutsche Verband langlaufender Ärzte und Apotheker e.V. (DVLÄ)** und seine Mitglieder ihre Aufgaben und Verbandsziele darin, über vorbildhaftes Eigenengagement den regelmäßig betriebenen und moderaten Laufsport als wertvollen Beitrag für mehr Gesundheit, Fitneß und psychische Ausgeglichenheit zu positionieren. Der DVLÄ schreibt zudem bundesweit offizielle Ärzte- und Apotheker-Meisterschaften (Berglauf, 10 km Straßenlauf, Halbmarathon) aus. Die Mitglieder rekrutieren sich aus allen ärztlichen Fachgruppen und der Apothekerschaft. Auch Nichtheilberufler sind willkommen. Infos:

DVLÄ-Geschäftsstelle
St. Johannesstraße 6
72379 Hechingen
Tel. 07471/910122
Fax 07471/910121
E-Mail: SusanneBlitzer@a-t-online.de

Nützliche Adressen

Die größten Laufreise-Veranstalter

Deutschland

Deutsches Reisebüro
DERTour SportLive
Emil-von-Behring-Str. 6
60424 Frankfurt
Tel. 0 69/95 88-36 31
Fax 0 69/95 88-36 07

Ali Schneider
Marathon-Reisen
Nelkenstr. 6
82178 Pucheim
Tel. 0 81 41/6 32 67
Fax 0 81 41/80 24 07

Inter Air Voss Reisen
Triftstr. 28–30
60528 Frankfurt
Tel. 0 69/9 67 67-2 46
Fax 0 69/9 67 67-1 00

Sportflugreisen
Grosse-Coosmann
Siemensstraße 42–44
48153 Münster
Tel./Fax 02 51/29 66 11

Reisezeit Tourismus
Kochhannstr. 1
10249 Berlin
Tel. 0 30/4 22 57 30
Fax 0 30/4 22 57 29

Spiridon Laufreisen
Postfach 104527
40036 Düsseldorf
Tel. 02 11/72 63 64
Fax 02 11/78 68 23

Reisebüro Columbus
Wandsbeker Chaussee 171
22089 Hamburg
Tel. 0 40/20 48 14
Fax 0 40/2 00 41 55

AustrAsia Tours
Feldstraße 21
35094 Lahntal
Tel. 0 64 20/3 10
Für Österreich:
Helmut Linzbichler
Tel. 00 43/38 62/23 02 02
Fax 00 43/38 62/23 00 24

Österreich

Runners Unlimited
P&R Reisen
Franzosengraben 2–4
A-1030 Wien
Tel. 00 43/79/88-4 44
Fax 00 43/79/88-4 48

Mediatour
Schrannengasse 14
A-5027 Salzburg
Tel. 00 43/66/2 88 26 27
Fax 00 43/66/2 87 67 77

Schweiz

CIS Club Intersport
Neue Hard 7
CH-8010 Zürich
Tel. 00 41/1/2 77-47 40
Fax 00 41/1/2 77-47 47

Tourisme Pour Tous SA
Rue Haldimand 15
CH-1003 Lausanne
Tel. 00 41/21/3 41-10 80
Fax 00 41/21/3 41-10 20

Albis Travel
Im Albisriederdoerfli
CH-8047 Zürich
Tel. 00 41/1/4 06-10 10
Fax 00 41/1/4 06-10 11

Ernst Marti Ltd
Mitteldorf 1
CH-3283 Kallnach
Tel. 00 41/32/3 91-01 11
Fax 00 41/32/3 91-03 61

Laufmagazine

Spiridon
Dorfstraße 18a
40699 Erkrath
Tel. 02 11/72 63 64
Fax 02 11/78 68 23
E-Mail:
spiridon@t-online.de

Runner's World
Bayerwaldstraße 7
81737 München
Tel. 0 89/62 71 49-11
Fax 0 89/62 71 49-22
E-Mail:
leserservice@runnersworld.de

LaufZeit
Danziger Straße 219
10407 Berlin
Tel. 0 30/4 23 50 66
Fax 0 30/4 24 17 17
E-Mail:
laufzeit@berlin.de

condition
Meyer & Meyer Verlag
Von-Coels-Straße 390
52080 Aachen
Tel. 0241/958100
Fax: 0241/9581010
E-Mail:
verlag@meyer-meyer-sports.com

Marathon im Internet

Unter folgenden Adressen finden Laufsportler zahlreiche Informationen und Links zum Thema Marathon:

www.marathon.de
www.sport.de
www.lauftreff.de
www.laufsport.co.at
www.swiss-athletics.ch

Verbände

Deutscher Leichtathletik-Verband
Alsfelder Straße 27
64289 Darmstadt
Postfach 110463
64219 Darmstadt
Tel. 06151/7700-0
Fax 06151/7700-11
E-Mail:
114211.3204@compuserve.com

Österreichischer Leichtathletik-Verband
Prinz-Eugen-Straße 12
A-1040 Wien
Tel. 0043/1/5057350
Fax 0043/1/5057288

Schweizerischer Leichtathletik-Verband
Fabrikstrasse
CH-3000 Bern
Postfach 8222
CH-3001 Bern
Tel. 0041/31/3022272
Fax 0041/31/3018975
E-Mail:
slv@swiss-athletics.ch

Marathon-Formensprache: Über Kilometer zieht sich die Schlange der Läufer beim New York City Marathon hin.

MERGING TRAFFIC
KEEP LEFT
USE ALL LANES
TRUCKS KEEP RIGHT

Statistik

Stand: Juli 1999

Rekorde

Weltrekord				
Männer	2:06:05	Ronaldo da Costa	Brasilien	20.09.1998
Frauen	2:20:47	Tegla Loroupe	Kenia	19.04.1998
Europarekord				
Männer	2:07:12	Carlos Lopez	Portugal	20.04.1985
Frauen	2:21:06	Ingrid Kristiansen	Norwegen	21.04.1985
Deutscher Rekord				
Männer	2:08:47	Jörg Peters		14.02.1988
Frauen	2:21:45	Uta Pippig		18.04.1994
Österreichischer Rekord				
Männer	2:12:22	Gerhard Hauptmann		13.04.1988
Frauen	2:37:09	Carina Weber-Leutner		26.10.1986
Schweizer Rekord				
Männer	2:11:10	Daniel Böltz		03.03.1991
Frauen	2:25:51	Franziska Rochat-Moser		19.04.1999

Sieger bei Olympischen Spielen

1896	Athen	Spiridon Louis	Griechenland	2:58:50 (40 km)
1900	Paris	Michel Théato	Frankreich	2:59:45 (40,26 km)
1904	St. Louis	Thomas Hicks	USA	3:28:35 (40 km)
1908	London	John Hayes	USA	2:55:18,4 (42,195 km)
1912	Stockholm	Kenneth McArthur	Südafrika	2:36:54,8 (40,2 km)
1920	Antwerpen	Hannes Kolehmainen	Finnland	2:32:35,8 (42,75 km)
1924	Paris	Albin Stenroos	Finnland	2:41:22,6*
1928	Amsterdam	Mohammed Boughera El Quafi	Frankreich	2:32:57
1932	Los Angeles	Juan Carlos Zabala	Argentinien	2:31:36
1936	Berlin	Kitei Son (Son Kee Chung)	Japan	2:29:19,2
1948	London	Delfo Cabrera	Argentinien	2:34:51,6
1952	Helsinki	Emil Zátopek	Tschechoslowakei	2:23:03,2
1956	Melbourne	Alain Mimoun	Frankreich	2:25:00
1960	Rom	Abebe Bikila	Äthiopien	2:15:16,2
1964	Tokio	Abebe Bikila	Äthiopien	2:12:11,2
1968	Mexiko	Mamo Wolde	Äthiopien	2:20:26,4
1972	München	Frank Shorter	USA	2:12:19,8
1976	Montreal	Waldemar Cierpinski	DDR	2:09:55
1980	Moskau	Waldemar Cierpinski	DDR	2:11:03
1984	Los Angeles	Carlos Lopez	Portugal	2:09:21
1988	Seoul	Gelindo Borlin	Italien	2:10:32
1992	Barcelona	Hwang Young-cho	Südkorea	2:13:23
1996	Atlanta	Josiah Thugwane	Südafrika	2:12:36

Siegerinnen bei Olympischen Spielen

1984	Los Angeles	Joan Benoit	USA	2:24:52
1988	Seoul	Rosa Mota	Portugal	2:25:40
1992	Barcelona	Valentina Jegorowa	Rußland	2:32:41
1996	Atlanta	Fatuma Roba	Äthiopien	2:26:05

* *Seit 1924 wird die 1908 in London festgelegte Distanz von 42,195 km gelaufen.*

Weltmeister

1983	Helsinki	Robert de Castella	Australien	2:10:03
1987	Rom	Douglas Wakihuri	Kenia	2:11:48
1991*	Tokio	Hiromi Taniguchi	Japan	2:14:57
1993	Stuttgart	Mark Plaatjes	USA	2:13:57
1995	Göteborg	Martin Fiz	Spanien	2:11:41
1997	Athen	Abel Anton	Spanien	2:13:16

Weltmeisterinnen

1983	Helsinki	Grete Waitz	Norwegen	2:28:09
1987	Rom	Rosa Mota	Portugal	2:25:17
1991	Tokio	Wanda Panfil	Polen	2:29:53
1993	Stuttgart	Juko Asari	Japan	2:30:03
1995	Göteborg	Manuela Machado	Portugal	(41,795 km) 2:25:39
1997	Athen	Hiromi Suzuki	Japan	2:29:48

** Seit 1991 finden die Leichtathletik-Weltmeisterschaften alle zwei Jahre statt (1999 Ende August in Sevilla/Spanien)*

Europameister

1982	Gerard Nijboer	Niederlande	2:15:16
1986	Gelindo Bordin	Italien	2:10:54
1990	Gelindo Bordin	Italien	2:14:02
1994	Martin Fiz	Spanien	2:10:31
1998	Stefano Baldini	Italien	2:12:01

Europameisterinnen

1982	Rosa Mota	Portugal	2:36:04
1986	Rosa Mota	Portugal	2:28:38
1990	Rosa Mota	Portugal	2:31:27
1994	Manuela Machado	Portugal	2:29:54
1998	Manuela Machado	Portugal	2:27:10

Deutsche Meister

1975	Günther Mielke	2:18:36
1976	Paul Angenvoorth	2:15:56
1977	Günther Mielke	2:15:18,3
1978	Reinhard Leibold	2:17:29,2
1979	Michael Spöttel	2:20:15
1980	Ralf Salzmann	2:16:22
1981	Ralf Salzmann	2:15:42
1982	Ralf Salzmann	2:18:45
1983	Ralf Salzmann	2:15:17
1984	Ralf Salzmann	2:14:25
1985	Herbert Steffny	2:12:12
1986	Wolfgang Krüger	2:15:20
1987	Guido Dold	2:17:52
1988	Udo Reeh	2:14:56
1989	Uwe Hartmann	2:15:20
1990	Josef Oefele	2:16:54
1991	Thomas Ertl	2:20:30
1992	Thomas Ertl	2:21:26
1993	Kurt Stenzel	2:13:25
1994	Stephan Freigang	2:16:35
1995	Konrad Dobler	2:12:56
1996	Steffen Dittmann	2:16:03
1997	Dirk Nürnberger	2:17:14
1998	Stephan Freigang	2:12:58
1999	Carsten Eich	2:10:22

Deutsche Meisterinnen

1975	Christa Vahlensieck	2:45:43
1976	Christa Vahlensieck	2:40:28
1977	Christa Vahlensieck	2:34:47,5
1978	Christa Vahlensieck	2:38:32,8
1979	Liane Winter	2:59:29
1980	Christa Vahlensieck	2:36:47
1981	Charlotte Teske	2:33:13
1982	Monika Lövenich	2:42:24
1983	Monika Lövenich	2:43:03
1984	Susi Riermeier	2:38:13
1985	Charlotte Teske	2:32:38
1986	Heidi Hutterer	2:36:44
1987	Monika Lövenich	2:38:26
1988	Charlotte Teske	2:30:33
1989	Birgit Lennartz	2:41:23
1990	Gaby Wolf	2:36:47
1991	Sigrid Wulsch	2:48:28
1992	Manuela Veith	2:46:33
1993	Birgit Jerschabeck	2:30:34
1994	Kathrin Weßel	2:36:29
1995	Romy Lindner	2:37:17
1996	Claudia Lokar	2:28:17
1997	Petra Maak	2:43:01
1998	Claudia Dreher	2:32:35
1999	Katrin Dörre-Heinig	2:24:35

Register

Personenregister

Kursivsetzung verweist auf Bildlegenden.

Sachregister

Kursivsetzung verweist auf Bildlegenden.

Olympischer Marathonlauf in Atlanta 1996.

Bildnachweis

Umschlagvorderseite: Bongarts/Maja Moritz; Umschlagrückseite: Bongarts/S. Sobotta.
Seiten 1–2/3 u. 6/7: Bongarts; 8/9: Bongarts/Frank Peters; 10/11–15: Bongarts; 16: Bongarts/A. Hassenstein; 18–20/21: Bongarts; 22: Bongarts/Henning Bangen; 23: Bongarts; 24/25: Bongarts/Frank Peters; 26: Bongarts/Lutz Bongarts; 27: Bongarts/Martin Rose; 28/29: Bongarts/Vivien Vernzke; 30: Bongarts/Rüdiger Fessel; 32–39: Bongarts; 40/41: Bongarts/A. Hassenstein; 42–43: AKG Berlin; 44–45: Bildarchiv Preußischer Kulturbesitz; 46: Archiv Ulrich Pramann; 47 (2x): AKG Berlin; 48/49: Archiv Ulrich Pramann/G. Mangold; 50/51: Bongarts; 52/53: Boston Marathon/Fayfoto; 53: AKG Berlin; 54 links oben und Mitte, rechts unten: AKG Berlin; 54 links unten: Sportimage; 54 rechts oben: Archiv Ulrich Pramann; 57: Bongarts/S. Lasse; 58/59: Bongarts/Maja Moritz; 60/61: Bongarts/Rüdiger Fessel; 63: Bongarts/Maja Moritz; 64/65: Sportimage/J.P. Durand; 66–67: Archiv Ulrich Pramann; 68: Sportimage; 69 (2x): AKG Berlin; 70–71: Sportimage; 72/73: Sportimage; 74/75–76: Sportimage; 78: Archiv Ulrich Pramann; 79–80: Sportimage; 82/83: Bongarts; 84: Rotterdam-Marathon/Archiv Ulrich Pramann; 86: Faksimile aus dem Boston Traveler (Quelle: Spiridon 8/78); 87–91: Sportimage; 92 oben u. 92/93: Ulrich Pramann; 93 rechts: Bongarts; 94/95: Sportimage; 97: Bongarts/Rüdiger Fessel; 98/99–100: AKG Berlin; 102: Archiv Ulrich Pramann; 103: Bongarts; 104/105: Sportimage; 105 unten: Associated Press; 106/107: Ulrich Pramann; 108: Bongarts; 109: Sportimage; 110–111: Bongarts/Rüdiger Fessel; 112/113: Bongarts/S. Sobotta; 114: Bongarts/Anke Fleig; 115: Sportimage; 116/117: Bongarts; 118: Bongarts/S. Lasse; 120: Archiv Ulrich Pramann; 121 oben: Sportimage; 121 unten: Boston Marathon/Fayfoto; 122/123: Sportimage; 124: eta-Marathon Frankfurt/Archiv Ulrich Pramann; 125 oben: Archiv Ulrich Pramann; 125 unten: Bongarts; 126: Maui Marathon/Archiv Ulrich Pramann; 128: Sportimage/J.P. Durand; 129: Médoc-Marathon/Archiv Ulrich Pramann; 130–131: Sportimage; 132 oben: Bongarts/Maja Moritz; 132/133: Sportimage; 133 oben: New York Marathon/Archiv Ulrich Pramann; 134/135: Sportimage/Christian Petit; 135: Prag-Marathon/Archiv Ulrich Pramann; 136 oben: Rom-Marathon/Archiv Ulrich Pramann; 136/137: Sportimage/Christian Petit; 138/139 oben: Two Oceans Marathon/Archiv Ulrich Pramann; 138/139 unten: Sportimage/A. Billy; 140: Walt Disney Marathon/Archiv Ulrich Pramann; 142/143–146/147: Bongarts; 149: Maui Marathon/Archiv Ulrich Pramann; 151: Dr. Rudolf Ziegler; 155: Bongarts/Maja Moritz; 158/159: Sportimage; 160: Archiv Ulrich Pramann.

Textnachweis

Autor und Verlag danken für die freundliche Genehmigung zum Abdruck:
S. 18ff, aus Manfred Steffny (Hrsg.): *Mein erster Marathon*, Edition Spiridon, Erkrath 1993
S. 58f, aus Michael Fritzen: *Die Lust am Laufen und die Lebensangst*, Frankfurter Allgemeine Zeitung, 30.6.1979
S. 66f, aus Frantisek Kozik: *Der Marathonsieger*, Artia Verlag, Prag 1954

Impressum

Der Autor:
Ulrich Pramann ist Herausgeber von „Fit for Fun“ und selbst Marathonläufer. Er hat bereits 16 Bücher vor allem zu Themen aus der Welt des Sports veröffentlicht.

Die Deutsche Bibliothek – CIP-Einheitsaufnahme

Marathon / Ulrich Pramann. - Augsburg : Steiger, 1999
(Steiger special)
ISBN 3-89652-178-0

Gedruckt auf chlorfrei gebleichtem Papier.

Steiger Verlag Augsburg 1999

Reihenkonzeption: Dr. Petra Altmann
Lektorat: Frank Heins
Bildrecherche: Bettina Huber, Hamburg
Layout und Satz: Frank Menge
Reproduktion: Repro Mayr, Donauwörth
Druck und Bindung: Offizin Andersen Nexö, Leipzig

Printed in Germany

ISBN 3-89652-178-0